工业工程专业新形态系列教材

精益生产与管理

朱建军　石建伟　何沙玮　主编

本教材得到“江苏高校品牌专业建设工程
资助项目”的资助

科学出版社
北　京

内 容 简 介

本书由世界 500 强精益生产与管理专家与南京航空航天大学工业工程专业教授合作编写而成。本书系统化地介绍了精益生产体系、精益生产中主要工具和方法的运用，并对精益生产在企业的推行进行了系统化的介绍和详细的说明。本书在介绍精益理论的同时注重理论与实际相结合，融入大量在不同企业中精益生产运用的案例，使读者能够快速掌握。另外，本书对精益生产与组织环境、精益生产实施中人的因素，以及精益生产与工业 4.0 和中国制造 2025 的关系等做出详细的介绍，力求使读者学习完本书后对精益生产的理解能够更加深入。

本书可作为高等院校工业工程及相关专业本科生和研究生的教材，也可作为精益生产相关从业人员的研究参考资料和实际操作指导手册。

图书在版编目（CIP）数据

精益生产与管理/朱建军，石建伟，何沙玮主编. —北京：科学出版社，2018.1

工业工程专业新形态系列教材

ISBN 978-7-03-056095-7

Ⅰ. ①精… Ⅱ. ①朱… ②石… ③何… Ⅲ. ①精益生产–生产管理–高等学校–教材 Ⅳ. ①F273

中国版本图书馆 CIP 数据核字（2017）第 330429 号

责任编辑：兰 鹏 / 责任校对：孙婷婷
责任印制：张 伟 / 封面设计：蓝正设计

科 学 出 版 社 出版
北京东黄城根北街 16 号
邮政编码：100717
http://www.sciencep.com
固安县铭成印刷有限公司 印刷
科学出版社发行 各地新华书店经销
*
2018 年 1 月第 一 版 开本：787×1092 1/16
2022 年 8 月第九次印刷 印张：8 3/4
字数：207 000

定价：36.00 元

（如有印装质量问题，我社负责调换）

总　序

我国是制造业大国，但还称不上制造业强国。实现从粗放式管理向以集成化、信息化、网络化为特征的精益管理转变，是提升我国制造业核心竞争力、迈向全球制造业强国的必由之路。工业工程作为一门帮助提升产品与服务质量、提升管理水平与效能、降低运营成本、实现绿色发展的交叉学科，在我国由制造业大国向制造业强国的转变中将扮演至关重要的角色。

根据教育部高等学校工业工程类专业教学指导委员会所制定的《工业工程类专业本科教学质量国家标准》中的定义，工业工程（industrial engineering，IE）是应用自然科学与社会科学知识，特别是工程科学中系统分析、规划、设计、控制和评价等手段，解决生产与服务系统的效率、质量、成本、标准化及环境友好等管理与工程综合性问题的理论和方法体系，具有交叉性、系统性、人本性与创新性等特征，适用于国民经济多种产业，在社会与经济发展中起着重要的积极推动作用，亦可称为产业工程。

我校工业工程专业办学历史较长，是全国工业工程专业发起高校之一。1985 年，在管理工程专业下设置了工业工程专业方向招收本科生。1995 年，经国务院学位委员会办公室批准设立了工业工程硕士点，这是江苏省高校中的唯一的工业工程硕士点。1998 年教育部调整本科专业目录后，便直接以工业工程专业名称面向全国招收本科生。1999 年经国务院学位委员会办公室批准获得了工业工程领域工程硕士专业学位授予权，是国内最早获得该专业学位授予权的高校之一。2000 年，工业工程成为管理科学与工程一级学科博士点的主要研究方向，至此，工业工程在我校形成了从本科至博士后完整的人才培养体系。

围绕工业工程专业人才的培养，我校建成了两个国家级人才培养模式创新实验区。2005 年，工业工程被评为江苏省工业工程领域首批唯一的品牌专业，2012 年，该专业被评为江苏省唯一以工业工程为核心专业的重点专业类，同年，被评为工业和信息化部工业工程领域唯一的重点专业。2015 年，列入江苏省高校品牌专业建设工程进行重点建设。2011～2015 年由中国统计出版社出版的《挑大学选专业——高考志愿填报指南》将我校工业工程专业与清华大学、上海交通大学同列前三甲。我校工业工程专业自成立以来，在成长中不断进步、逐渐成熟。经过多年探索，建成了工业工程创新人才培养的“三链”（教学资源保障链、实习实践保障链、能力拓展保障链）体系，形成了“工—管—理”深度交叉的创新人才培养新模式，先后获得了两项江苏省高等学校教学成果一等奖和一项二等奖。建成了一个国家级教学团队、两个省级创新团队。我校还是江苏省机械工程学会工业工程专业委员会的主任委员单位，是全国工业工程专业教学指导委员会副主任委员单位，是华东地区工业工程教学与专业发展学会发起单位之一。

加强教学资源建设是我院工业工程专业建设的重要抓手之一。我们提出以“教材”作为教学资源建设的切入点，以教材建设牵引教学团队能力提升。为此，我们积极打造特色化精品教材，2005 年与科学出版社共同策划，在全国范围最早推出了工业工程专业系列教材，并被众多高校选用，多数教材数次印刷，受到师生好评。2014 年，我们又与电子工业出版社合作出版了 12 本工业工程领域工程硕士学位系列教材，这是我国工业工程领域工程硕士的首套系列教材。“十一五”“十二五”期间，我们组织教师编写、出版教材 40 余种，其中，9 部教材入选普通高等教育“十一五”国家级规划教材，4 部教材入选“十二五”普通高等教育本科国家级规划教材，3 部教材入选工业和信息化部“十二五”规划教材，《应用统计学》被评为国家精品教材，6 部教材被评为江苏省精品教材和重点教材。一批优秀教材的出版为工业工程人才培养质量的不断提高奠定了坚实的基础。

随着教学改革的不断推进，特别是互联网与多媒体时代背景对高校教育教学改革提出了新的要求，慕课、翻转课堂相继出现，同时对教材的内容与形式也提出了新的挑战，这次对系列教材进行第二次整体修订，充分考虑了这种需求的变化，参照《工业工程类专业本科教学质量国家标准》对工业工程基础课程与专业课程的要求，同时融入了作者近年来取得的教学改革成果，在修订过程中，一方面继续保持系列教材简明扼要、深入浅出、通俗易懂、易于自学的特点；另一方面力求通过数字化形式融入更加丰富的学习素材，并且大力邀请领域内有着丰富工作经验的相关企业人员参与教材的补充完善，以持续地提升教材质量，履行读者至上的承诺。

在教材的出版与使用过程中，同行们通过会议、邮件、电话、微信等多种方式给予我们许多支持与鼓励，也无私地给出了许多富有建设性的反馈意见，对此我们深表感谢！我们殷切希望广大读者在使用中继续帮助我们不断改进提升。

系列教材的再版得到了南京航空航天大学教材出版基金和江苏省高校品牌专业建设工程专项资金的资助，在此，特表深深的谢意！同时也特别感谢科学出版社的大力支持，他们不仅为教材出版辛勤地付出了许多，而且有着一种可贵的与时俱进精神。

周德群

教育部高等学校工业工程类专业教学指导委员会副主任委员

南京航空航天大学经济与管理学院院长、教授、博士生导师

2016 年 5 月

前言

20 世纪 50 年代，丰田工程师丰田英二为适应第二次世界大战后日本汽车市场需要，开始了与大批量流水线生产方式不同的丰田生产方式（Toyota production system，TPS）的探索。1978 年大野耐一在《丰田生产方式——以非规模化经营为目标》中第一次阐述了丰田生产方式的系统思考和理念总结。1990 年詹姆斯 • P. 沃麦克和丹尼尔 • T.琼斯在《改变世界的机器》一书中首次将这一顾客导向、厉行节约、避免浪费、谋求价值的生产方式定义为"精益生产"。

精益生产出现至今的 60 余年内，国内市场发生了从卖方市场到买方市场的巨大转变，这就要求企业的生产方式做出相应的转变，以适应市场需求。精益生产起源并立足于制造业，为一大批企业提供了切实可行的生产管理方法和策略，是被实践证明了的可以有效减少浪费、降低成本、谋求价值的生产方式。在制造业之外，又相继出现了精益物流、精益采购、精益营销、精益管理等概念，精益思想展现出了旺盛的生命力和广泛的适应性。

本书在对精益生产与管理的发展历程和基本思想进行总结的基础上，着重介绍精益生产方式在企业中的实际应用，并辅以大量真实案例。本书作者包括有多年精益生产与精益管理课程教学经验的资深教授，以及具有在企业中推行精益生产经验的高级技术管理人员，本书在编排上兼具理论性和实践性。一方面本书具有问题导向的特点，即真实的管理问题与基本的理论概念相互交叉融合，用问题导出理论，以理论解决问题；另一方面本书具有案例导向的特点，提供大量精益生产在企业中真实应用的案例。

本书涵盖精益生产与管理中价值流分析、5S 管理、六西格玛管理等方法和工具，各章节均包含与章节内容密切相关的应用案例。第 1 章概述精益生产的发展历程和国内外发展现状；第 2 章介绍精益生产系统的基本构成；第 3 章介绍精益生产在企业中实施的难点和步骤；第 4 章介绍价值流分析、5S 管理、单元生产、快速换型、全面生产维护、可视化管理、标准化作业、精益六西格玛等精益生产工具和方法；第 5 章介绍精益管理的相关理论和方法；第 6 章介绍精益生产的最新发展动向——精益生产与智能制造的结合。其中第 1 章、第 2 章由朱建军编写，第 3 章、第 5 章、第 6 章由石建伟编写，第 4 章由何沙玮编写，全书由石建伟统稿。

本书可作为工业工程等专业本科生的专业课教材。在授课方式上强调理论教师和实践教师的分工协同，在授课内容上强调理论性和趣味性兼备，以激发学生学习热情，做到举一反三。

朱建军　石建伟　何沙玮

2017 年 10 月于南京

目 录

第1章

精益生产概述

1.1 精益生产的形成与发展

1.1.1 生产方式的发展历程

（1）手工与单件生产方式。新石器时代，人类采用天然石料制作工具进行采集、狩猎、种植和放牧。青铜、铁器时代，人类开始采矿、冶金、铸锻工具、织布成衣和打造车具，发明了刀、耙、箭、斧等简单工具，满足以农业为主的自然经济，之后形成了家庭作坊式手工生产方式。相比之下这种生产方式使人类文明的发展产生了飞跃，促进了人类社会的发展。1765 年，瓦特蒸汽动力机的发明，提供了比人力、畜力和自然力更强大的动力，促使纺织业、机器制造业取得了革命性变化，引发了工业革命，出现了工场式的制造厂，生产率有了较大提高，但仍然是一种作坊式的单件生产方式。

（2）流水线大规模生产方式。美国制造业在 19 世纪中叶已出现了专用机器和劳动分工，这被认为是大规模生产方式的萌芽，但这不足以支撑大型企业的成长。20 世纪 20 年代美国福特公司开创了刚性自动流水线生产模式，即流水线大规模生产模式，这种生产方式的产生、发展和广泛传播为全球工业界带来了伟大的变革。这一时期大规模生产的特征是单一或少品种大量生产。随着大量的产品生产，原先“饥渴”的市场逐渐趋于饱和，快捷的多元化、个性化的需求开始凸显。于是，过去的大量生产模式被现代多种少量、富有柔性且具有相同低成本的先进生产模式替代就成为了必然趋势。

（3）丰田生产方式的萌芽。丰田生产方式的灵感来源于美国的福特生产方式（Fordism）。1950 年，丰田工程师丰田英二带领工程师团队前往美国进行为期三个月的考察学习，发现尽管福特是当时汽车制造行业的领导者，但福特生产方式并不适合日本汽车行业市场，一方面是日本国内市场狭小，多品种小批量的汽车需求不适宜采取福特式的大批量生产；另一方面是第二次世界大战后日本既缺少自动化的设备，又缺少像美国那样大量的廉价劳动力。由此，开始了适合日本需求的生产方式探索，丰田生产方式应运而生。

1.1.2 精益生产的发展阶段

（1）丰田生产方式阶段。大野耐一在1978年出版的《丰田生产方式——以非规模化经营为目标》以及在1982年出版的《大野耐一的现场管理》中，阐述了丰田生产方式的系统思考和理念总结。1983年，门田安弘在《新丰田生产方式》一书中指出，准时生产（just-in-time，JIT）和自动化是实现丰田生产方式的两大支柱。1983年，美国工业工程协会在《丰田生产系统》中将丰田生产方式扩展到开发、组织、销售等产品生命周期的各个环节中。1985年，大野耐一对准时化生产做出了定义，指出必须彻底消除在制品和成品库存，并杜绝等待、搬运、不良品、动作、加工、库存、制造过多（早）这七大浪费。

（2）精益生产方式阶段。精益生产方式（lean production）是一种更加细致的提升生产效率的系统理论方法，继承了早期工作领导者，如泰勒、福特等的思想基础，完善了传统方式难以适应新市场环境的不足。精益生产来源于第二次世界大战后的日本制造业，“精益生产”一词最早来源于约翰·克拉富西克的《精益生产系统的胜利》。詹姆斯·P. 沃麦克和丹尼尔·T. 琼斯1990年在《改变世界的机器》中首次将丰田生产方式定义为精益生产，提出了不同于福特推动生产方式的拉动生产方式。门田安弘于1991年出版了《丰田经营系统》一书，将精益生产方式的内容扩展到销售、财务、成本、组织、人事、新产品开发、生产管理综合系统以及汽车生产的国际化上，给世界工业界的发展带来了新的思想。精益生产已形成了较为完整的理论体系，随着企业的应用日趋完善。

（3）精益思想阶段。在《改变世界的机器》的研究基础上，1996年詹姆斯·P. 沃麦克和丹尼尔·T. 琼斯又出版了《精益思想》，《改变世界的机器》提出了精益生产方式，《精益思想》提出了精益企业概念，将精益理念从制造业推广到制造业以外的各行各业，包括精益生产、精益管理、精益设计和精益供应等。20世纪末精益企业的概念被提出之后，精益思想开始在制造业以外的行业传播、推广和应用。1992年Koskela首次提出了精益思想在建筑行业的应用，即精益建造；英国理查德·拉明在他的《精益供应：创新与供应商关系战略》中提出了精益供应概念。此后精益物流、精益制造、精益采购、精益营销、精益成本管理等概念也相继产生。时至今日，精益思想已先后在机械制造、电子、消费品、运输、农业、军事后勤补给等领域得到了广泛应用（图1-1）。

1.2 精益思想和精益管理理念

《改变世界的机器》把丰田生产方式定名为精益生产，并对其管理思想的特点与内涵进行了详细的描述，1996年该书作者出版了它的续篇《精益思想》，进一步从理论的高度归纳了精益生产中所包含的管理思维，将精益方式扩大到制造业以外的所有领域，把精益生产方法外延到企业活动的各个方面，不再局限于生产领域，从而促使管理人员重新思考企业流程，消灭浪费，创造价值。

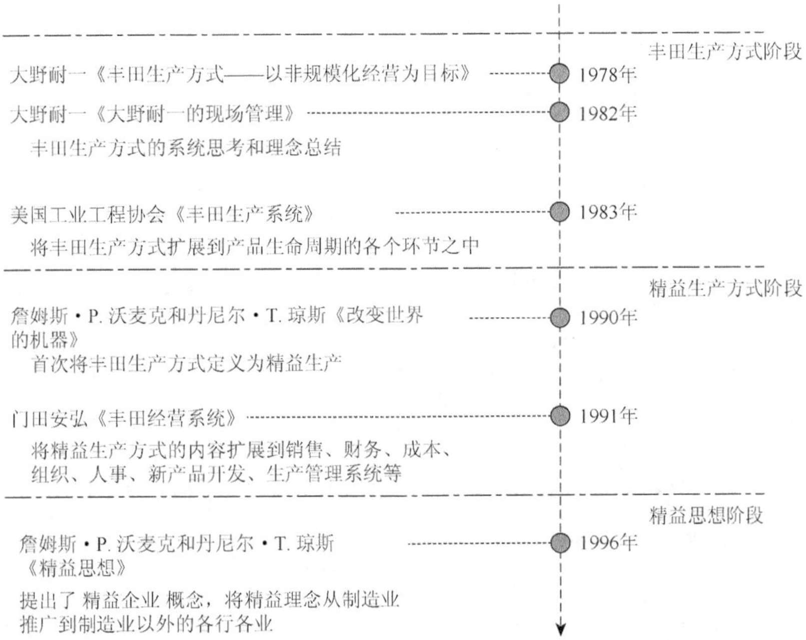

图 1-1　精益生产发展历史

1.2.1　精益思想

1. 精益思想的概念

精益是指通过持续地消除浪费，以资源的最低需求向客户提供完美价值，最终实现企业的经济增值的管理模式。精益思想包括精益生产、精益管理、精益设计和精益供应等一系列思想，其核心是通过及时适量、零库存、传票卡等现场管理手段实现订货生产，从而确保产品质量并降低成本。精益思想最初体现在对产品质量的控制上，即不追求产品的成本优势和技术领先，而是强调产品的成本与技术的合理匹配、协调。企业界将精益思想逐步引申、延展到企业经营活动的全过程，即追求企业经营投入和经济产出的最大化、价值最大化。从字面意思来看，“精”体现在质量上，追求尽善尽美、精益求精；“益”体现在成本上，只有成本低于行业平均成本的企业才能获得收益。精益思想不是单纯追求成本最低、企业眼中的质量最优，而是追求用户和企业都满意的质量、成本与质量的最佳配置、产品性能价格的最优比。

2. 精益思想的核心

精益思想的核心就是消除浪费，以较少的人力、较少的设备、较短的时间和较小的场地等创造出尽可能多的价值；越来越接近用户，提供他们确实要的东西。精益思想的关键是精确定义价值；确定每个产品的全部价值流；使创造价值的各个步骤流动起来，使需要若干天才能办完的订货手续，在几小时内办完，使传统的物资生产完成时间由几个月或几周减少到几天或几分钟；及时跟上不断变化的顾客需求，在用户真正需要的时候进行设计、安排生产，制造出用户真正需要的产品，按用户需要拉动产品，而不是把用户不想要的产品硬推给用户，如表 1-1 所示。

表 1-1 精益思想的核心

名称	内涵	关键点
定义价值	价值分为有价值、无价值但必要和无价值三种，只有满足客户需求的产品或服务才是有价值的	1. 减少无价值但必要的动作 2. 消除无价值的动作 3. 提高客户的满意度 4. 降低企业的生产成本
识别价值流	价值流是将原材料加工为成品过程中对产品赋予价值的全部活动	1. 区分价值流中的增值活动和非增值活动 2. 对非增值活动进行持续改善以达到消灭浪费的目的
流动	强调不间断的流动，要求全过程有价值的活动都要流动起来	1. 打破部门化、批量生产的思想 2. 强调生产的流线化、平准化、均衡化
拉动	根据客户需求安排生产计划	1. 减少和消除过早、过量的投入 2. 减少库存浪费和过量生产浪费 3. 压缩生产周期
尽善尽美	用户满意、无差错生产、企业自身的持续改进	不断地用价值流分析方法找出更隐藏的浪费，作进一步改进，形成良性循环并趋于尽善尽美

（1）定义价值（value）。精益思想认为产品或服务的价值最终由客户来确定，只有满足客户需求的产品或服务才是有价值的。精益思想颠覆了传统的大量制造的观念，重新定义了企业原则和价值观。价值分为有价值、无价值但必要和无价值三种，只有满足客户需求的动作是有价值的。精益思想的价值观强调以客户为中心审视企业生产全过程每个环节的各种活动，减少无价值但必要的动作、消除无价值的动作，在提高客户满意度的同时，降低企业自身的生产成本，实现企业与客户的双赢。

（2）识别价值流（value stream）。价值流是指企业将原材料加工为成品过程中对产品赋予价值的全部活动，包括从概念产生到投入生产的产品开发过程、从物料需求制定到供应商送货的信息过程、从原材料到产品的加工转换过程，以及全生命周期的支持和服务过程。识别价值流是精益思想的起点，同时价值流分析也是实施精益思想最重要的基础工具之一。通过对企业价值流进行分析，区分价值流中的增值活动和非增值活动，坚持对非增值活动进行持续改善以达到消灭浪费的目的。

（3）流动（flow）。流动和拉动是实现精益思想的中坚，精益思想强调的是不间断的流动，要求全过程有价值的活动都要流动起来。受限于传统部门分工和批量生产等传统观念和做法，企业的价值流动经常会被阻断。精益思想认为有停顿的地方就有浪费，强调生产的流线化、平准化、均衡化，通过推动单元生产模式，打破传统的部门化的、批量生产的思想。

（4）拉动（pull）。拉动是以客户为发起点，根据客户需求安排生产计划的一种生产方式，不同于传统的推动式生产方式，客户、下道工序在货架上就可以取得所需物品，而非强行推给客户。拉动原则由于实现了需求和生产过程的对应，可以减少和消除过早、过量的投入，从而减少库存浪费和过量生产浪费，还大大压缩了生产周期。当客户需求提出后，立即进行设计、采购、加工，准时地将所需产品提交给客户，最终实现预测式生产，直接按客户实际需求进行生产。

（5）尽善尽美（perfection）。定义价值、识别价值流、流动和拉动的相互作用，结果就是价值流动速度显著加快。不断地用价值流分析方法找出更隐藏的浪费，作进一步改进，良性循环成为趋于尽善尽美的过程。精益制造的尽善尽美有三个含义：用户满意、无差错生产和企业自身的持续改进。尽善尽美永远是一个目标，持续地对尽善尽美的追求，将造就一个永远充满活力、不断进步的企业。

1.2.2　精益管理理念

精益管理将精益思想扩展到企业经营的方方面面，要求企业的各项活动都必须运用精益思维（lean thinking）。精益思维的核心就是以最小的资源投入，包括人力、设备、资金、材料、时间和空间，创造出尽可能多的价值，为顾客提供新产品和及时的服务。精益管理的目标可以概括为：企业在为顾客提供满意的产品与服务的同时，把浪费降到最低程度。企业经营过程中的浪费现象很多，努力消除这些浪费现象是精益管理的最重要的内容。图 1-2 简要概括了精益管理理念的四个主要方面。

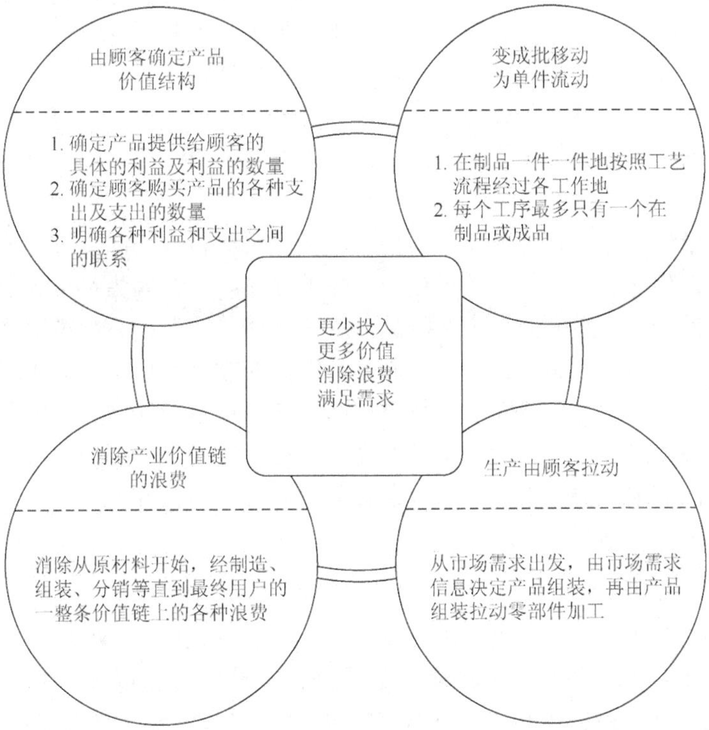

图 1-2　精益管理理念

1. 由顾客确定产品价值结构

（1）产品价值结构的含义。产品价值结构即产品价值的组成、比例及其价值流程，即某种产品所提供的各种利益、支出及其比例关系以及价值的实现过程。产品价值结构就是要确定企业的某一种产品提供给顾客的具体的利益及其数量；还要确定顾客购买产品的各种支出及其数量；各种利益、支出之间的联系；各种利益和支出实现产品价值的流程。

（2）产品价值结构由顾客确定。企业竞争的焦点是利用工业社会的规模优势和信息社会的信息低成本优势满足顾客个性化的需求，产品的价值结构由顾客来确定。由于经济性的约束，大部分情况是企业提供一个价值组成清单，在清单的范围内，由顾客确定产品价值结构。精益管理的出发点是产品价值结构，价值结构只能由最终顾客来确定，价值结构也只有由具有特定价格、能在特定时间内满足顾客需求的特定产品（商品或服务，而经常是既是商品又是服务的产品）来表达时才有意义。

2. 变成批移动为单件流动

（1）成批移动与单件流动的概念。成批移动就是在制品成批地在各工作地加工，并按工艺流程成批地经过各工作地移动。成批移动源于成批生产，成批生产是周期性地、成批地轮番生产几种产品。在成批生产条件下，生产具有重复性，产品品种较少，每种产品的产量较多，形成多品种周期性的轮番生产的特点。单件流动就是在制品一件一件地按照工艺流程经过各工作地进行加工并连续移动，即按照工作流程将作业场地、设备（作业台）合理配置，一般划分为几个工作段，产品在每个工作段生产时，零件一个一个地经过各种工作地进行加工、移动，不是一批一批地加工、移动，每个工序最多只有一个在制品或成品。在每个工作段中即从生产开始到完成之前，没有在制品放置场地及入箱包装的作业。作业人员随着在制品走，从作业区的第一个工序到最后一个工序都是该作业人员操作。

（2）将成批移动变为单件流动。如果产品按从原材料到成品的过程连续生产，即单件流动，那么工作能更好、更有效地完成。在单件流动中，因为在每个工作段中各工序衔接在一起，前一道工序做完一个在制品，就可立即“流”到下一道工序继续加工，所以工序间几乎没有搬运距离，也没有在制品，因此在制品数量可以大幅度降低，生产空间也跟着减少了。不良品一旦发生，就可立即发现，很容易地确认是由哪一台机器、哪一个作业人员做出来的。这有助于消除不良品。更重要的是生产周期大幅度缩短，更能满足市场多变的需求。由于不必为每台设备单独设置入口存放处和出口存放处，所以场地也节省了许多。

3. 生产由顾客拉动

（1）推动式生产与拉动式生产的概念。推动式生产就是计划部门根据市场需求，按产品构成清单对所需的零部件规格和数量进行计算，得出每种零部件的需要量和各生产阶段的生产前置时间，确定每个零部件的投入产出计划，按计划发出生产和订货的指令。推动式生产中每一个生产车间都按计划生产零部件，将实际完成情况反馈到生产计划部门，并将加工完的零部件送到下一道工序或下游生产车间，无视下一道工序和下游生产车间当时是否需要。在此方式中物流和信息流基本上是分离的。整个过程相当于从前（前一道工序）向后（后一道工序）推动，故这种方式称为推动式方法。拉动式生产就是从市场需求出发，由市场需求信息决定产品组装，再由产品组装拉动零部件加工。每道工序、每个车间都按照当时的需要向前一道工序、上游车间提出需求，发出工作指令；前一道工序、上游车间完全按这些指令进行生产。物流和信息流是结合在一起的。整个过程相当于从后（后一道工序）向前（前一道工序）拉动，故这种方式称为拉动式方法。

（2）生产由顾客需求拉动。采用拉动式方法可以真正实现按需生产。如果每道工序都按下一道工序的要求，在适当的时间，按需要的品种与数量生产，就不会发生不需要的零部件被生产出来的情况。一旦有了在顾客需要的时候就能设计、安排生产，制造出顾客真正需要的产品的能力，就意味着企业可以抛开销售预测，直接按顾客的实际要求生产。这就是说，企业可以让顾客按需求拉动产品生产，而不是把顾客常常不想要的产品硬推给顾客。当顾客知道他们可以及时得到他们所要的东西时，而且，当生产者停止定期的减价销售活动，不再把已经生产出来却没人要的产品推销出去时，顾客的需求就变得稳定得多了。

4. 消除产业价值链的浪费

精益管理必须超出单个企业的范畴，查看生产一个特定产品所必需的全部产业活动。这些活动包括从概念构思经过细节设计到实际可用的产品，从开始销售经过接受订单、计划生产到送货，以及从远方生产的原材料到将产品交到顾客手中的全部活动。形成精益企业确实需要用新的方法思考企业与企业之间的关系，需要一些简单原则规范企业间的行为，以及需要沿产业价值链的所有环节的改善。

（1）产业价值链的概念。产业价值链是产业中从原材料到销售的围绕某种或某类产品的所有企业形成的增值链，即从原材料的供应开始，经过价值链中不同企业的制造加工、组装、分销等过程，直到最终用户的一条价值链。物料在价值链上因加工、包装、运输等过程而增加价值，给相关企业带来收益。

（2）产业价值链中的浪费。在分析每个产品（或产品系列）的产业价值链时通常会暴露出大量的、错综复杂的浪费。产业价值链中的浪费和企业中的浪费一样，可以分为两类。一是有很多活动虽然不创造价值，但是在现有技术与生产条件下是不可避免的，例如，为保证质量，焊接处要检验；乘飞机从青岛到敦煌要到西安转机的额外旅途。二是还有很多不创造价值而且可以立即去掉的步骤。实际上产业价值链的浪费是非常多的，常见的有以下几种。

①库存的浪费：上游和下游企业之间没有形成信息的共享，以及生产计划的相对独立，导致上游企业的产品不能及时地销售出去，造成库存的浪费。

②过量加工余量的浪费：信息的封闭导致上游企业给下游企业提供的物料留有太大的加工余量，从而导致生产材料及加工量的浪费。

③“成批”模式导致的浪费：价值链中的“成批”模式造成的过早、过量生产，以及由此带来的库存等浪费。

④流通中的浪费：企业之间没有形成良好的组合，造成流通环节的效率不高所带来的流通浪费。

要实现精益管理，就要遵循消除产业价值链的浪费这一原则。

1.3 国内外企业的精益实施情况及其成果

1.3.1 丰田精益生产——精益生产的起源

精益生产的由来可以追溯到20世纪30年代丰田汽车公司的建立。丰田生产系统根源于丰田汽车缔造者丰田喜一郎对浪费的极度厌恶，20世纪30年代中期，丰田喜一郎在丰田公司的第一个工厂里贴了一条标语，要求精益生产。他解释道，'精益生产'并不仅仅指干事情要准时，在数量上必须做到绝对精确。例如，生产必须准时，但不能超额，超额就意味着浪费。在30年代末设计另一新工厂时，他力求体现自己的设想，命令把零部件仓库保持在最低水平，并指示工程师开发能够灵活完成多种不同任务的机器，并且要求机器的配置必须便于工作流程的顺利进行。

丰田喜一郎的许多想法都在第二次世界大战后被大野耐一重新利用起来。20世纪40年代后期，丰田汽车当时的生产总监大野耐一吸收了福特公司的管理方法，比如，生产标准化和一个使工人成长为多技能工作者的工艺型系统。这一混合系统被丰田汽车公司不断完善，并为当时许多其他日本公司所采用。大野耐一本来在本田纺织公司工作，1943年丰田汽车公司兼并本田纺织公司时，他转到丰田汽车公司工作。他此前对汽车制造业一无所知，但局外人的视角却使他发现了丰田公司汽车厂中的一些效率问题。与丰田喜一郎不同，他没受过大学教育，但与丰田喜一郎一样痛恨浪费现象并且善于发现冗余、低效的做法。大野耐一根据自己在纺织业中的经历提炼出丰田生产系统的两大支柱之一：自动。当棉纱用尽或遇到其他问题时，丰田自动织机可立即停止运行。丰田生产系统的第二大支柱与库储储备有关。大野耐一于20世纪40年代末创造出来的这个支柱相当于20世纪30年代丰田喜一郎的精益生产思想的复活和实施。

第二次世界大战后不久，大野耐一从阅读中了解到，美国的超级市场只有在某一货物售出之后才补充进货；他想，只有当生产线上的下一站需要零部件时工人才应该提供零部件，其道理是一样的。但这个想法却与主流生产系统相左，主流生产系统希望工人生产越快越好，必要时甚至可以把零部件堆在下一站的面前。为了实现新的生产系统，大野耐一使用了一种叫做传票卡的工具，其实是一张卡片，上面书写着所需零部件的型号和数量，如果某位工人认为需要更多的零部件，那么他就把卡片递给负责生产该零部件的那一站，只有在这个时候才能把所需零部件组装起来。

1953年，大野耐一成为丰田汽车公司的生产总经理，在这个职位上，他得以在总汽车生产线上试验自己的想法。1955年，他授予生产线上的工人在出现问题时停止生产线的权利，这在几十年来的世界汽车制造业的传统做法中是个巨变。后来，他又得到丰田英二的鼎力支持，他的想法得以在丰田汽车公司全面推广。到1963年，丰田汽车公司的所有工厂都采用了丰田生产系统，到20世纪60年代中期，丰田的所有一级供应商都纳入丰田公司生产流程。1973年的世界性石油危机过后，丰田要求所有供应商，不仅仅是一级供应商，都采用丰田生产系统。

在 1973 年的石油危机前，日本汽车在美国汽车市场上并没有什么影响，但已显露出能够成为竞争威胁的迹象。1964 年，丰田汽车公司恢复了对美国的汽车出口，在随后的三年里出口量翻了 10 倍，达 3.9 万辆；1967 年，美国成为丰田公司的最大出口市场；1975 年，丰田取代大众，成为美国最畅销的进口品牌。1979 年的第二次石油危机后，日本汽车在美国的销量迅速飙升。进入 20 世纪 80 年代以后，从日本进口的汽车占美国市场销售的所有汽车的 20%；更令人吃惊的是，日本汽车占美国进口车总量的 67%；1980 年，丰田公司在美国市场上销售出 70 万辆汽车，是其 1970 年销售额的 3.5 倍。与此同时，美国本国汽车三巨头在 1980 年全部亏本。这是 1921 年后通用汽车公司第一次亏本，而克莱斯勒公司依靠政府的贷款担保才摆脱了困境。更为重要的是，日本于 1980 年一举超过美国而成为世界上最大的汽车生产国。

1.3.2 一汽集团引进精益生产方式——精益生产进入中国

中国第一汽车集团公司（以下简称一汽）是我国汽车工业的“长子”，也是我国第一家引进丰田生产方式的企业。

从 1978 年以来的 30 多年里，一汽推行 TPS 经历了一个学习、认识、实践，再学习、再认识和再实践，逐步深入推行的螺旋式上升过程。一汽是人才济济的老国企，且在学习方面从来都不惜成本，推行精益生产经过三十年的摸索和实践，才有了深刻认识。1981 年 4 月，经过三年的学习和热身，一汽邀请 TPS 的推广人大野耐一到一汽讲课，并帮助一汽在生产线搞试点，建样板线。良好的示范效应让一汽掀起了第一次学习和推行 TPS 的高潮。一汽先后在各分厂和职能部门开展了看板管理、混流生产、数理统计、5S（整理、整顿、清扫、清洁、素养）管理、QC（quality control，质量控制）活动、设备点检、滚动计划、网络技术、目标成本和价值工程等精益管理方法，使一汽开始跳出 1953 年建厂以来所形成的传统管理思维的老框架。由于国家当时正处于改革初期，市场环境、企业经营和分配政策等基本还是以计划经济模式为主，因而一汽所推行的 TPS 未能全面、持久地进行下去。1989 年 10 月，一汽新建解放卡车的变速器制造厂，生产从丰田下属的日野公司引进的六挡同步变速器。为了进一步学习 TPS，一汽再一次引入准时生产方式，再一次请大野耐一及其徒弟等一批丰田管理专家，在变速器厂协助建立了一汽第一个全面推行 TPS 的样板厂。

1992 年精益生产方式开始在全公司推行。一汽选择了不同技术状态、加工方式和生产节拍的专业厂、车间和生产线进行试点，并以生产管理为突破口，全面推行精益生产方式，对大量生产方式进行了较为彻底的变革。一汽在整个公司范围内，全面推行精益生产方式，企业的生产经营管理模式已开始向精益的管理模式转变，多数专业厂在借鉴典型经验的基础上，结合本单位实际，积极推行精益生产方式，并取得了明显成效。1994 年全公司在制品平均下降 40%，其中有的单位下降 60%～80%。精益生产方式在产品开发、销售服务和协作配套等方面的推行亦有很大的进展。“同步工程”产品开发模式正在形成，产品销售、售后服务和备件供应三位一体直销用户的销售管理模式正在推行，等等。实践表明，精益生产方式的推行，将极大地促进企业管理水平的提高，增加经济效益，从而增强企业的竞争实力。

1.3.3 精益企业——精益思想跨出制造业

精益生产的理论和方法是随着环境的变化不断发展的，特别是在 20 世纪末，随着研究的深入和理论的广泛传播，越来越多的专家学者参与进来，出现了百花齐放的现象，各种新理论新方法层出不穷，如大规模定制（mass customization）与精益生产的结合、单元生产（cell production）、JIT2、5S 的新发展、TPM（total productive maintenance，全面生产维护）的新发展等。很多美国大企业将精益生产方式与本公司实际相结合，创造出了适合本企业需要的管理体系，例如，1999 年美国联合技术公司的获取竞争优势（achieving competitive excellence，ACE）管理，精益六西格玛管理，波音的群策群力，通用汽车 1998 年的竞争制造系统等。这些管理体系实质是应用精益生产的思想，并将其方法具体化，以指导公司内部各个工厂、子公司顺利地推行精益生产方式。将每一个工具实施过程分解为一系列的图表，员工只需要按照图表的要求一步步实施下去即可，并且每一个工具对应有一套标准以评价实施情况，也可用于母公司对子公司的评估。精益思想跨出了它的诞生地——制造业，作为一种普遍的管理哲理在各个行业传播和应用，先后成功地在建筑设计和施工中应用，在服务行业、民航和运输业、医疗保健领域、通信和邮政管理以及软件开发和编程等方面应用，使精益生产系统更加完善。

单元生产方式于 20 世纪末首先诞生于电子产品装配业，是指由一个或者少数几个作业人员承担和完成生产单元内所有工序的生产方式，也有学者将其称为细胞生产方式，因为它就像人体的细胞一样，在细胞内部包含了新陈代谢的所有要素，是组成生命的最小单位。单元生产方式以手工作业为主，不使用传送带移动生产对象，根据需要也使用一些简单的机械和自动化工具，工序划分较粗，一个人或几个人完成所有的工序。由于用于细胞生产方式的作业台的布局，往往呈“U”字型，很像个体户的售货摊儿，所以在日本也称为“货摊儿生产方式”。细胞生产方式可具体分为一人生产方式、分割方式和巡回方式三种形式。

精益六西格玛管理是将六西格玛管理法与精益生产方式两者结合得到的一种管理方法，能够通过提高顾客满意度、降低成本、提高质量、加快流程速度和改善资本投入，使股东价值实现最大化。六西格玛管理法是过程或产品业绩的一个统计量，是业绩改进趋于完美的一个目标，是能实现持续领先、追求几乎完美和世界级业绩的一个质量管理系统。六西格玛管理法是一种从全面质量管理演变而来的一个高度有效的企业流程设计、改善和优化技术，并提供了一系列同等地适用于设计、生产和服务的新产品开发工具。六西格玛管理法的重点是将所有的工作作为一种流程，采用量化的方法分析流程中影响质量的因素，找出最关键的因素加以改进从而达到更高的客户满意度。精益生产方式和六西格玛管理法相互融合，一方面克服了精益生产方式不能使用统计的方法来管理流程的缺点；另一方面克服了六西格玛管理法无法显著地提高流程速度或者减少资本投入的缺点。

➢案例 1-1　戴尔模式

1984 年，年仅 19 岁的迈克尔·戴尔以 1000 美元的资金创立了戴尔公司——一家以设计、生产、销售家用及办公计算机的企业。在之后的几十年里，戴尔创立的戴尔模式通过为消费者消除中间环节创造了大量财富，所谓戴尔模式即利用现有价值链，变先造后卖为先卖后造，消除不必要的、成本昂贵的环节。戴尔公司利用互联网、邮购目录和电话与客户进行虚拟整合，把顾客当成生产线上的一环，使客户价值链和公司价值链成为一个整体。戴尔公司在确认客户订单后，系统会生成订单给仓库，然后第三方物流企业在 1 小时内将配件运送到装配车间；36 小时后根据客户订单装配的产品装配完成；最后，戴尔公司不经过任何中间渠道通过第三方物流企业直接发货到消费者手中。戴尔公司 7 天内可完成这一周期。

第2章

精益生产系统

2.1 精益生产系统的目标

2.1.1 精益生产中浪费的类型

精益生产的目的就是减少浪费。减少浪费看上去是一个简单、明确的主题，但实际市场中，很多“浪费”发现的难度很大，大大削减了达到目标的能力。丰田把浪费分为三类：浪费、不平衡和不均匀。在很多精益生产操作中，往往仅包括第一类，仅包含降低相应的利润。新乡重夫对这种思想进行了解释，他观察到，例如，拧螺钉的工序中，仅仅在最后一步才将螺钉拧紧，在前面的工序中只需移动螺钉即可，于是这个工序就可减少拧紧螺钉的时间。在进一步细分的情况下，就建立了价值附加值这个概念，将没有价值附加值的工作和有价值附加值的工作进行了区分。没有价值附加值的工作一律视为浪费，从而进行流程改进，一个关键内容是衡量、消除这些浪费、确定浪费的影响范围、明确改进的结果，不断向着目标前进。

浪费主要指发现流程是否到位，操作是否得当，是通过产量进行衡量的。不平衡主要指流程的准备和计划中，通过设计可以避免的工作浪费。不均匀主要指在工作设计实施的过程中，消除工时、操作等级等方面的波动和参差，如质量和数量。管理者的角色就是检查浪费，在过程中消灭深层次的引起浪费的因素，同时，联系不平衡和不均匀系统，发现的浪费必须回归到不平衡，就是项目的计划、设计过程。

丰田七项浪费具体指以下几种。

（1）运输的浪费：把原本没有必要的物资运送到生产流程中。

（2）库存的浪费：所有零件、半成品和成品在储存中的浪费。

（3）运动的浪费：人员和设备搬来搬去，超过生产必要的人员走动。

（4）等待的浪费：等待下一个生产环节。

（5）生产过剩的浪费：生产比需求多。

（6）多余加工的浪费：来源于设计问题、生产工具有误产生的复工。

（7）瑕疵的浪费：耗费了参与检查和修复瑕疵的投入。

下面结合飞机维修、生产等过程中存在的浪费现象进行举例说明。运输的浪费：

生产流程或计划设计不合理，可能会导致在机库中不必要的倒换飞机的机位、航线维修运行中不必要的拖动飞机；航材库存地点不合理，导致不必要的航材运输等。库存的浪费：在机务维修中不必要的航材、工具设备、消耗器材的库存以及飞机维修中超出需要过多领取的航材，都属于该类浪费。运动的浪费：在飞机部件的更换过程中，准备工作不到位，导致重复往返于工具间、材料间、资料室，导致人员无效走动的浪费；在飞机的区域检查或绕机检查中，绕机路线或检查顺序设计不合理，导致多余的动作的浪费。等待的浪费：在生产组织实施过程中，窝工现象就是典型的等待浪费。比如，在更换发动机时，备发的附件不完整，而导致的飞机停场等待浪费。生产过剩的浪费：在机务维修中该类浪费不是很常见，主要是由机务维修的特点决定的。飞机维修、附件维修和发动机修理都是在有维修要求或需求时才进行，不会像制造业那样生产出过多产品。多余加工的浪费：在飞机制造厂的维修方案中，把某些检查工作分为一般目视检查、详细目视检查和特殊检查，这种分级检查方法就可以消除该类浪费。另外，飞机的定检是有飞行小时间隔规定的，过多地缩短间隔，不仅会导致运力减少，还会导致过度维护，也是典型的该类浪费。瑕疵的浪费：缺陷是典型的浪费，特别是在机务维修生产中，工作失误导致的定检延期或飞机返航、事故征候等不安全事件，对飞机营运人来说是非常大的浪费。一次返航可以导致几十万甚至上百万元的损失。

2.1.2　精益生产的基本目标

工业企业是以盈利为目的，从事商品生产的社会经济组织。因此，最大限度地获取利润就成为企业的基本目标。传统的大量生产方式是以标准化、大批量生产来降低成本、提高效率的，完全是依靠规模效益来实现企业利润目标的。这种生产方式在经济高速增长、市场需求相对稳定的时期能取得良好的效果。因为在这种情况下，实际上不需要太严密的生产计划和细致的管理，即使出现生产日程变动、工序间在制品储备不断增加、间接作业工时过大等问题，只要能保证产品质量，企业便可放手大量生产，确保企业利润就不成问题。然而，在市场瞬息万变的今天，在实行多品种、小批量生产的情况下，这一生产方式显然是行不通的。

精益生产是采用灵活的生产组织形式，根据市场需求的变化，及时、快速地调整生产，依靠严密细致的管理，力图通过彻底排除浪费，防止过量生产来实现企业的利润目标的。因此，精益生产的基本目的是要在一个企业里，同时获得极高的生产率、极佳的产品质量和很大的生产柔性。为实现这一基本目的，精益生产必须能很好地实现以下三个子目标：零库存、高柔性（多品种）、零缺陷。

1. *零库存*

一个充满库存的生产系统，会掩盖系统中存在的各种问题。例如，设备故障造成停机，工作质量低造成废品或返修，横向扯皮造成工期延误，计划不周造成生产脱节等，都可以动用各种库存，使矛盾钝化，使问题被淹没。表面上看，生产仍在平衡进行，实际上整个生产系统可能已千疮百孔，更可怕的是，如果对生产系统存在的各种问题熟视无睹，麻木不仁，长此以往，紧迫感和进取心将丧失殆尽。因此，日本人称库存是“万恶之源”，是生产系统设计不合理、生产过程不协调、生产操作不良的证明，并提出“向零库存进军”的口号。所以，零库存就成为精益生产追求的主要目标之一。

实施零库存战略的优势在于：首先，可以降低库存水平，从而降低流动资金占用和库存管理费用；其次，可以使企业经营过程中的隐形问题浮出水面，通过不断解决这些问题促进生产水平的提高；再次，避免了库存积压带来的风险；最后，零库存的实施往往会促进企业生产管理效率的提高。然而，由于受到不确定供应、不确定需求和生产连续性等诸多因素的制约，企业的库存不可能真正为零。“零库存”不是某个企业一厢情愿就能做成的事情，它不仅依托于整个供应链上下游企业的信息化程度，还需要有合适的产业环境、社会环境，乃至国情。盲目追求形式上的零库存，只会影响企业的正常生产。

2. 高柔性（多品种）

高柔性是指企业的生产组织形式灵活多变，能适应市场需求多样化的要求，及时组织多品种生产，以提高企业的竞争能力。面临市场多变这一新问题，精益生产方式必须以高柔性为目标，实现高柔性与高生产率的统一。为实现柔性和生产率的统一，精益生产必须在组织、劳动力、设备三方面表现出较高的柔性。

（1）组织柔性。在精益生产方式中，决策权力是分散下放的，而不是集中在指挥链上，它不采用以职能部门为基础的静态结构，而是采用以项目小组为基础的动态组织结构。

（2）劳动力柔性。市场需求波动时，要求劳动力也作相应调整。精益生产方式的劳动力是具有多方面技能的多能工，在需求发生变化时，可通过适当调整操作人员的操作来适应短期的变化。

（3）设备柔性。与刚性自动化工序分散、固定节拍和流水生产的特征相反，精益生产采用适度的柔性自动化技术（数控机床与多功能的普通机床并存），以工序相对集中、没有固定节拍以及物料非顺序输送的生产组织方式，使精益生产在中小批量生产的条件下，接近大量生产方式由于刚性自动化所达到的高效率和低成本，同时具有刚性自动化所没有的灵活性。

3. 零缺陷

传统的生产管理很少提出零缺陷的目标，一般企业只提出可允许的不合格百分比和可接受的质量水平。它们的基本假设是：不合格品达到一定数量是不可避免的。精益生产的目标是消除各种引起不合格品的原因，在加工过程中，每一工序都要求达到最好水平，追求零缺陷。高质量来自零缺陷的产品，“错了再改”得花费更多的金钱、时间与精力，强调“第一次就做对”非常重要。若每一个人都在自己工作中养成这种习惯，凡事先做好准备及预防工作，认真对待，防患于未然，则在很多情况下就不会有质量问题了。因此，追求产品质量要有预防缺陷的观念，凡事第一次就要做好，建立零缺陷质量控制体系。过去一般企业对花在预防缺陷上的费用总是能省则省，结果却造成很多浪费，如材料、工时、检验费用、返修费用等。应该认识到，事后的检验是消极的、被动的，而且往往太迟。各种错误造成需要重做零件的成本，常常是几十倍的预防费用。因此，应多在缺陷预防上下功夫，也许开始时多花些费用，但很快便能收回成本。精益生产的最终目标是追求零缺陷，是决心追求完美的历程，也是追求卓越的过程，这是支撑个人与企业生命的精神力量，是在永无止境的学习过程中获得自我满足的境界。实施零缺陷前后的思想观念对比如表 2-1 所示。

表 2-1 实施零缺陷前后对比

实施零缺陷前	实施零缺陷后
按照比例分配不合格品数量	工作标准必须是零缺陷
事后检验、检查	事前预防、一次做对
认为质量缺陷是技术原因造成的	认为质量缺陷是管理原因造成的
对质量成本认识不清	质量成本可以用金钱衡量
头痛医头	标本兼治
认为质量问题是质量部门的事情	零缺陷是整个企业的经营之道

2.1.3 精益生产的终极目标

零浪费是精益生产的终极目标，具体表现在以下七个方面。

(1)“零”转产工时浪费（多品种混流生产）。将加工工序的品种切换与装配线的转产时间浪费降为“零”或接近为“零”。

(2)“零”库存（消减库存）。将加工与装配相连接流水化，消除中间库存，变市场预估生产为接单同步生产，将产品库存降为零。

(3)“零”浪费（全面成本控制）。消除多余制造、搬运、等待的浪费，实现零浪费。

(4)“零”不良（高品质）。不良不是在检查位检出，而应该在生产的源头消除，追求零不良。

(5)“零”故障（提高运转率）。消除机械设备的故障停机，实现零故障。

(6)“零”停滞（快速反应、短交期）。最大限度地压缩前置时间（lead time），为此要消除中间停滞，实现零停滞。

(7)“零”灾害（安全第一）。人、工厂、产品全面安全预防检查，实行巡查制度。

实现七个“零”目标需要的八大支柱，如图 2-1 所示。

精益生产七个“零”终极目标的实现涉及企业各个部门，需要各个工序的协同配合，是一项十分复杂的系统工程。在产品设计研发过程中，需要产品开发设计系统的支持；在生产计划制订的过程中，需要生产计划和物流系统制订合理的投产计划；当产品正式投产时，又需要现场作业管理、品质保证、生产快速切换等的支持。而贯穿这一产品从研发到生产全过程的是企业的标准化体系和不断改善的机制。

2.2 精益生产系统的结构

齐二石在 1997 年提出了“丰田屋”的思想和概念，指出丰田生产方式以改善和持

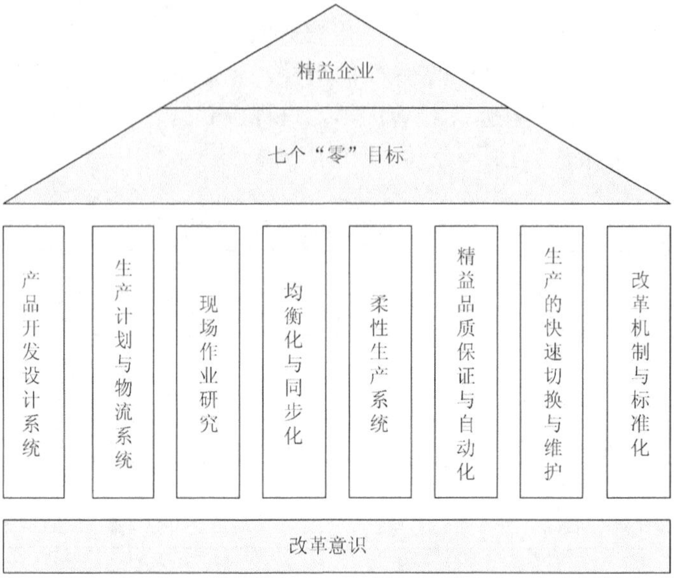

图 2-1 实现七个“零”目标需要的八大支柱

续改善做基础，以准时化生产和自动化做支柱，并最终实现成本的节约。日本丰田汽车公司副会长张富士夫结合多方研究，将丰田生产方式概括为新的“丰田屋”（图 2-2）。新“丰田屋”以最佳品质、最低成本、最佳安全、最高员工士气为目标，以生产均衡化、标准作业、目视管理和丰田模式理念为基础，以准时化和自动化为支柱，要人员与团队进行持续改进，以彻底地消除浪费。

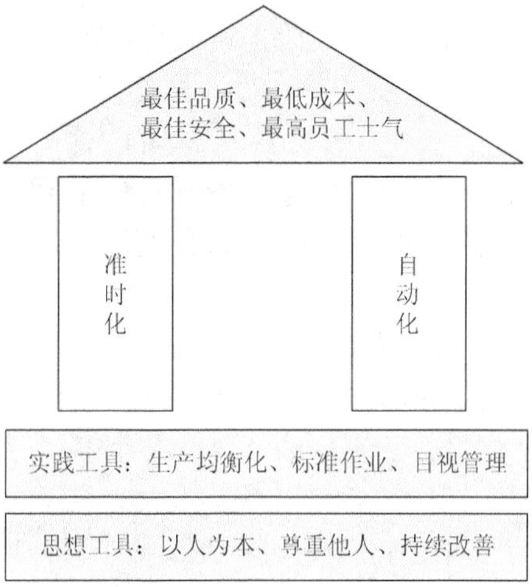

图 2-2 新“丰田屋”

2.2.1 精益生产系统的基础

1. 生产均衡化

生产均衡化是指企业采购、制造以及配送的整个过程都与市场需求相符合。采用均衡化意味着最终供货与需求相适应，同时从需求开始进行拉动，总装配线在向前一道工序领取零部件时应均衡地使用各种零部件，生产各种产品。为此，在制订生产计划时就必须加以考虑，然后将其体现于产品生产顺序计划之中。在精益生产看来，库存浪费的另一个主要原因是生产过早或者过多。这是传统生产方式中应对不确定性需求的重要手段，即保有高水平安全库存，采用大批次生产，在不能满足需求时借助加班、紧急采购等方式来满足。而在当今的市场环境下，顾客需求的种类越来越多，每一种种类的需求数量也相对降低，因此，必须提供优秀的生产方式，及时地交付给顾客所需要的产品种类和数量，才能满足市场需求，从而在竞争中获胜。精益生产注重通过生产均衡化来满足需求。

最早实行均衡化生产的是丰田汽车公司。丰田的均衡化生产要求的是产品数量和种类的均衡化，即总装配线向各前工序领取零部件时，要均匀地领取各种零部件，实行产品组合生产，防止某一时间段内集中大量领取某种零件。为此，丰田公司的总装配线均以最小批量装配和输送制成品，并以最小批量从前一道工序领取必要的零部件。简言之，生产的均衡化使得零部件被领取数量的变化程度达到最小，即各道工序每天以相近时间间隔领取数量相近的零部件。

2. 标准作业

作业标准化在作业系统调查分析的基础上，将现行作业方法的每一操作程序和每一动作进行分解，以科学技术、规章制度和实践经验为依据，以安全、质量效益为目标，对作业过程进行改善，从而形成一种优化作业程序，逐步达到安全、准确、高效、省力的作业效果。在工厂里，所谓制造，就是以规定的成本、规定的工时，生产出品质均匀、符合规格的产品。要达到上述目的，如果制造现场的作业如工序随意变更，或作业方法及作业条件随人而异有所改变，那么一定无法生产出符合上述目的的产品。因此，必须对作业流程、作业方法、作业条件加以规定并贯彻执行，使之标准化。

标准化的作用主要是把企业内成员积累的技术、经验，通过文件的方式加以保存，而不会因为人员的流动，整个技术、经验跟着流失。达到个人知道多少，组织就知道多少，将个人的经验（财富）转化为企业的财富；因为有了标准化，每一项工作即使换了不同的人来操作，也不会因此在效率与品质上出现太大的差异。如果没有标准化，那么老员工离职时，就将所有曾经发生过问题的对应方法、作业技巧等宝贵经验装在脑子里带走了，新员工可能重复以前发生的问题，即便在交接时有传授，但凭记忆很难完全记住。没有标准化，不同的师傅将带出不同的徒弟，其工作结果的一致性可想而知。

3. 目视管理

目视管理是利用形象直观而又色彩适宜的各种视觉感知信息来组织现场生产活动，提高劳动生产率的一种管理手段，也是一种利用视觉来进行管理的科学方法。目视化综合运用管理学、生理学、心理学、社会学等多学科的研究成果，其根本目的就是以视觉信号为基本手段，以公开化为基本原则，尽可能地将管理者的要求和意图让大家都看见，借以推动看得见的管理、自主管理、自我控制。企业不但要做好车间内各类物品的放置及其当前状态的目视化管理，而且要对生产现场的进度状况、物料或半成品的库存状况、品质不良状况、设备故障、停机原因等，以视觉化工具进行预防管理。

（1）作业管理：作业过程中的各类事项通过标识进行目视化管理。

（2）生产管理：生产进度的看板管理；产量管理的看板管理；生产计划的看板管理；派工单或排班表的看板管理（图 2-3）。

图 2-3　看板管理

（3）品质管理：检查标准的目视化管理；不良品分类的目视化管理；质量状态通过颜色差异进行目视化管理；品质状况的信息板管理。

（4）设备管理：设备维护类项目标识；设备维护顺序目视化管理；安全提示目视化管理；设备紧固类目视化管理；设备管路开关状态管理。

（5）工具管理：放置方式的目视化管理；取用方式的目视化管理；用途区分的目视化管理（图 2-4）。

（6）物料管理：物料放置方式的目视化管理；物料定量的目视化管理；物料周转顺序的目视化管理；物料状态的目视化管理。

（7）安全管理：通过目视化管理的根本目标就是安全。

2.2.2　精益生产系统的支柱

1. 准时化

准时生产的基本思想是只在需要的时候、按需要的量、生产所需的产品，也就是追求一种无库存或库存达到最小的生产系统。准时生产的基本思想是生产的计划和控制与库存的管理。准时生产的核心是追求一种无库存的生产系统，或使库存达到最小的生产系统。为此开发了包括“看板”在内的一系列具体方法，并逐渐形成了一套独具特色的生产

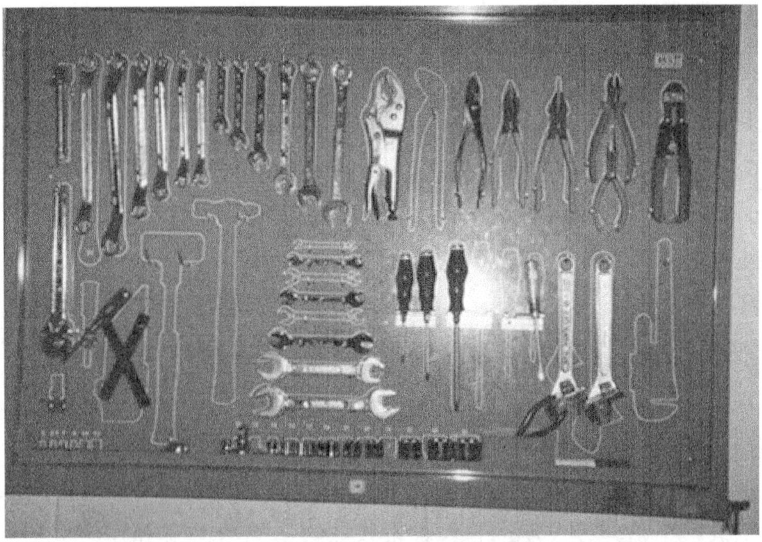

图 2-4　工具的定置管理

经营体系。准时生产以准时生产为出发点，首先暴露出生产过量和其他方面的浪费，然后对设备、人员等进行淘汰、调整，达到降低成本、简化计划和提高控制的目的。在生产现场控制技术方面，准时生产的基本原则是在正确的时间内、生产正确数量的零件或产品，即即时生产。它将传统生产过程中前一道工序向后一道工序送货，改为后一道工序根据“看板”向前一道工序取货，看板系统是准时生产现场控制技术的核心，但准时生产不仅仅是看板管理。准时生产的基础之一是均衡化生产，即平均制造产品，使物流在各作业之间、生产线之间、工序之间、工厂之间平衡、均衡地流动。为达到均衡化，在准时生产中采用月计划、日计划，并根据需求变化及时对计划进行调整。准时生产提倡采用对象专业化布局，以减少排队时间、运输时间和准备时间，在工厂一级采用基于对象的专业化布局，以使各批工件能在各操作间和工作间顺利流动，减少通过时间；在流水线和工作中心一级采用微观对象专业化布局和工作中心型布局，可以减少通过时间。准时生产可以使生产资源合理利用，包括劳动力柔性和设备柔性。当市场需求波动时，要求劳动力资源也做相应调整。当需求量增加不大时，可通过适当调整具有多种技能操作者的操作来完成；当需求量降低时，可减少生产班次、解雇临时工、分配多余的操作工去参加维护和维修设备。这就是劳动力柔性的含义。而设备柔性是指在产品设计时就考虑加工问题，发展多功能设备。准时生产强调全面质量管理，目标是消除不合格品。消除可能引起不合格品的根源，并设法解决问题，准时生产中还包含许多有利于提高质量的因素，如批量小、零件很快移到下一道工序、质量问题可以及早发现等。准时生产以订单驱动，通过看板，采用拉动方式把供、产、销紧密地衔接起来，使物资储备、成本库存和在制品大大减少，提高生产效率。准时生产是一种理想的生产方式，其中有两个原因：一是它设置了一个最高标准，一种极限，就是零库存。实际生产可以无限地接近这个极限，但却永远不可能达到零库存。二是它提供了一个不断改进的途径，即降低库存—暴露问题—解决问题—降低库存，这是一个无限循环的过程。准时生产的特点见表 2-2。

表 2-2 准时生产的特点

特点	描述
准时生产	正确的时间生产正确数量的产品
均衡化生产	使物流在各作业和工序间均衡地流动
专业化布局	按工艺原则或产品原则组成生产单元
合理利用生产资源	需求波动时对劳动力资源和设备资源做相应调整
全面质量管理	面向生产全过程，全员参与，消除引起不合格品的根源
订单驱动	以最终用户的需求为生产起点，采用拉动式生产

2. 自动化

丰田生产方式中的自动化思想的产生，最早可以追溯到丰田集团的创始人丰田佐吉发明的自织机。丰田佐吉发明的自织机不仅取得了当时的世界发明专利，还使当时日本的纺织机械一跃达到世界领先水平。自动化装置能够保证织机在织布时，不管经线还是纬线，只要一根线断了，织机就能自动停止，纺织女工就能过来把线接上，防止瑕疵布匹的产生，保证不出不良品。以往的织机不具有这种自动判断的功能，需要一位女工一直看管一台织机，不能有丝毫的松懈，即使这样也难免有断线而看不到的时候，就会产生瑕疵布匹不良品。采用了自动化装置的织机不仅不会产生瑕疵布匹，还大大减少了人员使用数量，使一人看管的自织机达到 24 台，极大地提高了劳动生产率，减少了劳动强度，确保了产品的质量。大野耐一在调入丰田汽车公司之前，已经在丰田纺织公司工作了 7 年，深深体验到了自化装置的优越性，所以到了丰田汽车公司后，很看不惯机械加工一人一机操作的现象，开始着手将自动化装置导入到汽车生产中来，在准时生产的实践中逐步形成了自动化的系统管理和系统构筑的思想。

自动化就是让机械具有人的智慧，能够监测异常并自动停止。但它又不局限于机器设备的自动化，随着现代技术的发展，如今的机器设备大都具有自动化的功能，智能化水平也不断提高。因此，自动化的理念不仅是指机械设备的自动化，还包含了组装线上人员的作业。作业人员自动化的“自”是指作业者自身，认为自己做的作业“不行”或“出现了次品”的情况下，作业人员自身能停止错误重复的操作。当生产线出现异常状况时，每个作业人员都能控制生产线的停止与重新启动。这样，人员、机器或生产线一旦发生异常就马上停止操作。因此，自动化的概念也可以解释为自动地监视和管理不正常的手段。自动化拥有发现异常或缺陷并且能够使生产线或者设备停下来的装置，这种装置称为自动化装置。一发生异常情况，生产线就停下来，使得工作人员必须查明原因并采取措施防止再次发生，因此具有质量管理功能。除此之外，它还有削减人员、弹性生产和尊重人性等功能。

2.2.3 精益生产系统的特征

精益生产的特征可以总结为：以用户为上帝，以人为中心，以精简生产过程为手段，以产品的零缺陷为最终目标。图 2-5 为精益生产体系结构。

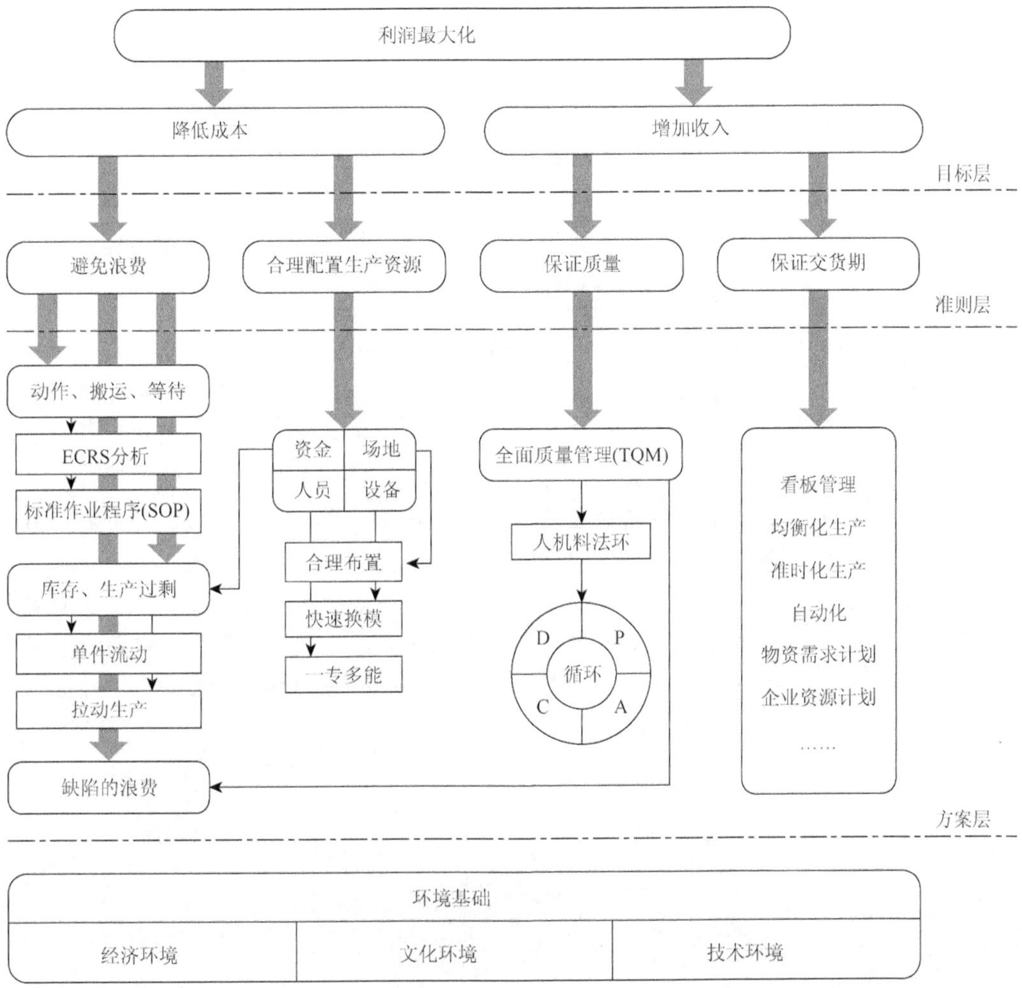

图 2-5　精益生产体系结构图

（1）以用户为上帝。企业要面向用户，保持与用户的密切联系，真正体现用户是上帝。不仅要向用户提供服务，还要了解用户的要求，以最快的速度和适宜的价格，以高质量的适销新产品去抢占市场。

（2）以人为中心。现代企业要不断地开展技术进步，但更要以人为中心，大力推行更适应市场竞争的小组工作方式。让每一个人在工作中都有一定程度的制订计划、判断决策、分析复杂问题的权力，都有不断学习新的生产技术的机会，培养职工相互合作的品质。同时，对职工素质的提高不断进行投资，提高职工的技能，充分发挥他们的积极性与创造性。此外，企业一方面要为职工创造工作条件和晋升途径，另一方面又要给予一定的工作压力和自主权，以同时满足人们学习新知识和实现自我价值的愿望，从而形成独特的、有竞争意识的企业文化。

（3）以精简为手段。精益生产将去除生产过程中的一切多余的环节，实行精简化。在组织结构上，纵向减少层次，横向打破部门壁垒，将多层次、细分工的管理模式转化为分布式平行网络的管理结构。在生产过程中，采用先进的设备（例如，采用加工中心，实行工序集中，尽可能在一个工作地完整地加工零件），减少非直接生产工人，使每个工人的工作都真正对产品进行增值。精简还包括在减少产品的复杂性的同时，提供多样化的产品。采用成组技术是实现精简化和提高柔性化双重目标的关键。

（4）以零缺陷为目标。精益生产追求的目标不是“尽可能好一些”，而是“零缺陷”，即最低的成本、最好的质量、无废品、零库存与产品的多样化。当然，一个企业不可能完全达到这样的境地，但永无止境地去追求这一目标，将会使企业发生惊人的变化。

➢案例 2-1　精益在 JPF 公司的应用

经营寿险和年金业务的美国 Jefferson Pilot Financial 公司（以下简称 JPF 公司）是 20 世纪 90 年代末美国典型的服务型企业。为了在强手如林的竞争中成为推销保单的独立寿险顾问的首选合作伙伴，JPF 公司开始着手缩短投保单处理周期，简化保单提交流程，减小差错率。JPF 公司以新业务部为试点，指派了一个精益小组重新改造该部门的运营系统，精益小组尝试了七种精益生产的设计方法，包括：把关联流程紧靠在一起，制定标准化的操作程序，消除工作返回至上一环节的现象，设定统一的工作节奏，平均分配工作量，把复杂任务从一般任务中分离开来，将绩效结果公之于众。这些措施都收到了很好的成效，减少了浪费，消除了瓶颈，提高了效率。比如，新业务部将需健康证明的投保单和不需健康证明的投保单分开处理，后者的处理周期立即缩短了 80%以上。

第3章

精益在企业中的实施

3.1 精益生产在企业中实施存在的问题

目前中国大部分的制造业精益水平还处在比较初级的阶段，部分企业引入了精益生产，但是大多数精益生产的实施都未能达到管理者期望的效果。

社会上有很多的培训机构会组织一些最佳实践的参观学习活动，比如，去国内的丰田或者精益实施相对较早的汽车行业学习，更有甚者直接组织公司高管去日本丰田总部和丰田的供应商的工厂进行实地考察和学习。丰田每年接待很多的参观者，但是国内真正能达到丰田精益水平的公司可谓凤毛麟角，究其原因，是很多企业的管理者重视精益工具和方法的应用，而忽略了最核心的精益企业文化的建立。工具和方法在工厂内是显而易见的，丰田实施了5S、全员生产性维护、快速换模、U型的生产单元、Milk Run（循环取货，也称为牛奶取货）、Kanban（看板管理，来自日语“看板”，是丰田生产方式中的重要概念）、拉动生产等，企业管理者参观完丰田之后就在自己的工厂推行，而且很多是短期思维，希望在短期内看到成效。事实上世界级企业之所以优秀更重要的是企业管理的文化，这是在企业参观中不容易觉察到，而且不容易复制的。如果不把精益生产的实施看成一种深刻的文化转型，那么精益生产就很难帮助企业获得成功。事实上，只注重精益的工具和方法的实施，能够使企业在某些方面得到改善，但是想做到生产力或者质量的全面改善，是不可能的。大多数试行精益生产方式的公司的失败都在于无法充分挖掘和发挥它的潜能，他们没能应用精益的基本原理并为精益工具建设必要的基础设施，因而无法实现真正的改变。仅仅应用精益技术而未能发展员工建立文化的公司无法完全实现期望的收益。精益是工具和人员组成的系统，两者必须共同起作用。单一的工具本身，比如，仅仅使用5S或者流程图，失败的可能性很大，因为它的收益有限，甚至起反作用。

此外，在企业实施精益的模式上，每个企业有各自的方法，一般存在三大误区。

（1）现场型推进精益模式。这种精益的实施主要推进方向更加关注车间现场的改善，和企业战略缺乏协同，公司的高层和中层管理无法理解企业要推行精益的原因，精益的推行没有和企业的关键绩效指标关联，高层领导和各级主管对推行精益缺乏兴趣。

（2）仅仅关注精益工具应用层面。公司各级人员对精益的理解停留在精益就是5S，单件流等精益工具的层面上，精益的推进缺乏系统性，没有整体的实施策略，无法与企业管理系统进行对接。

（3）项目型推行模式。公司成立精益实施的项目组，成立各种精益实施的项目团队，每个团队有专门的项目经理，大家的理解是精益就是做项目，以财务为导向（结果导向），任何投入都需要在短期内看到财务指标的变化，考虑短期的投资回报，缺乏有效的变革管理机制，无法形成持续的精益改善机制。

通过对中国国内近百家企业的走访，发现企业在向精益的转型过程中一般会遇到下面的五大障碍。

（1）企业一把手及核心管理团队对精益的理解认识及意识的转变。企业高层管理不负责精益的实施，授权车间一线的管理者进行实施。此外，缺乏对精益的深入理解，认为精益就是做5S等。缺乏对精益更深层次的理解认识。

（2）精益是否融入企业文化。公司的企业文化与精益是否有冲突，是否需要将精益理念融入企业文化中。例如，对待问题的看法，是逃避问题，避免冲突，推卸责任；还是愿意发现问题，暴露问题，把问题看作公司宝贵的财富，看作改进的机会。另外，如何对待企业的员工，是否尊重员工，充分考虑到员工的发展，做到“造物先育人”。

（3）员工能力、参与意愿及支持架构。员工虽然有改善的意愿，能够发现公司运营中存在的问题，但是是否具有结构化的解决问题的能力。企业管理人员是否掌握了教导员工，让员工按照标准去执行的技能。企业全体员工是否有改善的意愿，精益的实施是否有专门的支持部门等。

（4）精益系统和工具方法的掌握及运用。公司管理层是否参加了系统的精益培训，是否对精益有深入的了解，中层管理人员是否理解精益生产对各自部门带来的帮助，一线人员有没有参加至少一天的精益基础培训，是否理解什么是增值和浪费，是否理解了什么是“七大浪费”，企业是否有经过系统培训和认证的精益专家，这些精益专家的比例有多少，是否有专业的咨询公司定期进行精益的辅导等。

（5）精益变革过程管理。是否系统地进行精益变革管理，是否按照变革管理的步骤进行系统的实施，以确保精益变革的成功。

3.2 精益生产实施成功的关键：如何成功引导企业的变革

3.2.1 成功变革的8个步骤

约翰·科特（John P. Korter）在变革与企业经营的关系方面有大量著述。在*Leading Change*一书中，科特总结出了具有极强的可操作性的组织变革的八个步骤，并且在*The Heart of Change*这本书中做了具体的阐述。

步骤一：制造紧迫感。让组织中有足够的人在工作中保持一定的紧迫感，是组织开始变革的基础。紧迫感会使人们意识到变革的必要性和重要性，并且开始为变革采取行动；可以消除组织中存在的不良情绪，减少不良情绪对变革活动的破坏。

步骤二：建立强有力的变革领导集团。这个团队需要由一些有责任感的、权威的、可信任的人员组成，负责变革过程中的领导工作，这样更有利于变革的进行。否则，如果由某一个人单枪匹马领导变革，那么当这个人在工作中缺乏必要的能力和权威时，变革就会受到阻碍。

步骤三：树立变革的愿景。变革愿景常与战略、规划和预算相联系，却不能与它们等同。详细的计划和预算仅仅是变革的必要条件，组织更需要符合实际情况的、能够得到组织认同的、清晰的变革愿景，它可以激发组织成员的干劲，让组织成员明确努力的方向。

步骤四：沟通和传播愿景。将确立的变革愿景有效地传递到组织中的相关人员那里，使所有的相关人员都能对此达成共识。这个阶段中，实际的行动比言语更有效，表率比指令更起作用，领导者需要用实际的行动来影响其他相关人员。

步骤五：授权下属采取行动实现愿景。充分的授权，是在组织中进行成功变革的必要环节。具体执行变革措施的组织成员，如果缺乏必要的权力，就会在工作中难以施展能力，并且不得不为自己进行必要的辩护。这样很容易造成挫折情绪的蔓延，从而阻碍变革。

步骤六：系统地规划并取得短期成绩。变革通常是一个缓慢且逐步实现的过程，在具体某一阶段，其成效并不明显。这种情况持续太久，会给组织成员造成一定的心理压力，怀疑变革的结果。因此，变革领导者需要适时地创造短期成效，帮助肯定变革成果，以鼓舞人心。

步骤七：巩固成效并发起更多变革。取得短期成果之后，组织成员的信心被调动起来，变革行动获得支持，这个时候需要注意保持组织成员的情绪，并且继续推进组织的变革，否则一旦放松，变革士气就很难再次回升。

步骤八：将新方法制度化。变革取得成功后，组织需要通过建立一定的企业文化巩固变革成果，以企业文化培养组织成员共同的价值观，推进变革活动的深入。

3.2.2　系统化的精益实施与企业变革的比较

精益的实施对于很多企业来说本身就是一项重大的企业变革活动，因此精益的成功实施可以参照成功地引导企业变革的八大步骤，具体的对比见表 3-1。

表 3-1　企业变革与精益实施的比较

步骤	成功的企业变革	系统化的精益实施
步骤一	制造紧迫感 1. 考察市场和竞争的现状 2. 发现并讨论现实的和潜在的危机，或者重大机遇	管理层的意识和培训 1. 精益思想培训 2. 参观最佳实践 3. 精益评估和对标
步骤二	建立强有力的变革领导集团 1. 建立一个力量足够强大的团体，领导变革行动 2. 鼓励这个团体以团队的方式开展工作	成立精益生产实施部门或相关组织 1. 最高管理者领导精益实施 2. 精益专家的培训
步骤三	树立变革的愿景 1. 树立明确的愿景，为变革行动指引方向 2. 制定实现这个愿景的战略	企业愿景战略研讨会 1. 明确精益愿景 2. 策略部署
步骤四	沟通和传播愿景 1. 利用所有渠道沟通和传播变革愿景 2. 以变革集团的行为为榜样，树立新的行为方式	精益战略沟通 1. 利用所有渠道，沟通精益变革及战略 2. 管理层对精益承诺，精益行为楷模

续表

步骤	成功的企业变革	系统化的精益实施
步骤五	授权下属采取行动实现愿景 1. 扫除变革的各种障碍 2. 改变严重妨碍愿景实现的各种制度或结构 3. 鼓励冒险和突破传统	充分授权给精益变革的代理人 1. 精益实施进度控制 2. 驱动流程和行为模式的转变
步骤六	系统地规划并取得短期成绩 1. 规划如何显著地改善业绩 2. 实现业绩改善目标 3. 表扬并且奖励那些为业绩改善作出贡献的员工	试点项目，进行测试 1. 选择一个合适的产品族 2. 进行价值流设计并立即实施 3. 对初期成功试点的参与者进行奖励
步骤七	巩固成效并发起更多变革 1. 利用可信度的提高改变与愿景不符的制度政策 2. 聘用、提拔和培养能够贯彻落实愿景的员工 3. 加大变革力度	稳定过程 1. 全员精益基础培训 2. 在公司范围建立全面的改善氛围 3. 长期的精益改进路线图
步骤八	将新方法制度化 1. 指明新行为和公司成绩之间的联系 2. 找到合适的方法培养后继领导人才，确保变革领导工作的延续性	精益体系建设 1. 精益评价考核 2. 精益供应链系统全面导入 3. 精益领导力

3.3 精益生产在企业实施的主要步骤

每个企业都有不同的企业文化、行业特点，处于不同的发展阶段，精益的基础千差万别，因此很难给出放之四海而皆准的精益生产实施步骤。精益的正确实施需要对企业的精益状态进行评估，然后给出具体的实施建议。下面以从未实施过精益生产的企业为例，给出实施精益生产的一般步骤和各阶段的主要工作内容。

精益生产在企业的实施策略为：整体规划，试点先行，分步实施，系统改造，人才培养，文化营造。具体来说主要分为五个主要阶段：准备阶段，试点阶段，全面推广阶段，整合供应链阶段，卓越运营阶段。

3.3.1 准备阶段

1. 精益培训，理念调整

精益生产方式把生产中一切不能增加价值的活动都视为浪费，强调人的作用，充分发挥人的潜力，以持续改善来消除浪费。因此，在实施的第一步，应进行全员的意识培训，培训对象应上至总经理、副总经理，下至作业员、搬运员，培训内容应包括IE（industrial engineering，工业工程）、5S、QCC（quality control circles，品管圈）、事务处理系统、全面生产维护、全面质量管理等。只有建立在全员对精益生产的了解和基本认同的基础上，推动才能顺利进行。对企业管理层进行精益意识的培训，主要包括精益起源、增值和浪费、精益的主要工具和方法、精益对企业的帮助、管理层在精益推行中的任务以及精益如何在企业中推行。

2. 运营现状评估

看清现在，才能展望未来，在确定实施精益生产之初，必须邀请资深的精益生产专家对企业当前的运营现状进行评估，以发现改善的机会。评估分三方面进行。

（1）生产现场评估。生产现场是企业创造价值的地方，也是精益生产首要的关注地点。对生产现场的评估主要是通过在现场发现浪费，找到改善的机会。现场的浪费分为七种，即过量生产的浪费、库存的浪费、等待的浪费、搬运的浪费、动作的浪费、不合格品的浪费和过分加工的浪费。精益生产的目的就是消除浪费，减低成本。与此同时，根据生产的产品和设备设施情况，确定实施准时化和自动化条件。

（2）生产管理评估。通过对生产管理人员和生产操作人员进行深入访谈，发现从顾客提出需求到通过生产，交付满足顾客需求的整个价值流程中存在的不足。通过生产管理评估，确定实施柔性生产和全员参与的条件。

（3）事务性流程评估。通过对公司各部门的管理者和作业人员进行访谈，发现在事务性工作中存在的浪费。由于非制造工程的浪费是不易发现的，而且往往把浪费转移到生产以及其他领域会对公司的运营产生巨大的影响，所以应通过实施精益生产予以消除。

只有通过对运营现状进行充分的评估，才能在与最高管理层进行交流时，向最高管理者解释通过实施精益生产，将评估发现的问题进行改善后，能给企业带来的益处，树立最高管理者实施精益生产的决心和信心。现状的评估是成功实施精益生产的前提条件。

3. 战略定位与目标

针对企业所在的市场环境，制定出相应的企业战略和相应的目标，通过精益生产的实施能帮助企业在市场中获得竞争优势。

4. 关键绩效指标衡量

精益生产不同于传统的生产方式，用传统的财务指标对其进行考核会忽略精益生产对企业的战略性改善。例如，精益生产强调拉动生产，追求尽量小的库存，强调流动资金的快速周转，若用资产总额来考核企业实施效果必定不能正确衡量精益的改善效果，此外，单件流生产与传统的批量生产相比可能会使企业的单位生产成本在短期内有所上升，5S 的实施、全面生产维护、员工培训等措施也必定在短期内增加企业的成本，如果企业用传统的会计核算方法来考核精益生产，那么必将会影响精益生产的顺利推进，这就要求企业在精益推行的过程中，协调好短期利益与长期利益之间的矛盾，构建准确反映精益改善效果的考核体系。

对于精益关键绩效指标（key performance indicator，KPI）的定义，可以从质量、成本、交期、安全、士气（即 quality，cost，delivery，safety，morale）这几个方面来衡量。

5. 精益人力资源评估

通过对精益生产工具的前期了解，结合公司本身的行业和产业的特点，建立并形成一整套标准的工具，同时做出在公司范围内的推广普及计划。通过对人员的在岗培训，使其逐步掌握这项工具，通过各类改善活动，在取得绩效结果的同时，使这项方法、工具成为真正推行精益生产的利器。

企业的经营能力依赖于组织体系的活力，而这种活力来自于员工的努力，只有不断提高员工的素质，并为他们提供良好的工作环境和富于挑战性的工作，才能充分发挥他们各自的能力。经营上的成功同样依赖于高素质的基础人才和管理人才。它要求员工不仅掌握操作技能，还要具备分析问题和解决问题的能力，从而使生产过程中的问题得到及时的发现和解决。因此，精益生产应重视对职工的培训，以挖掘他们的潜力。

6. 精益领导力培训

所有部门经理以上的管理者，必须参加全面的精益生产培训，了解所有的精益工具及实施后带来的收益，以及对涉及本部门的改善活动提供全力支持；另外，要到生产现场亲自参与改善活动，通过实际运用来掌握精益的精髓，带动其在本部门的实施。

7. 世界级精益企业标杆

标杆学习理念来自于全球公认的管理方法——标杆管理，其核心在于企业将自己与世界一流企业进行全球对标，在明确差距的基础上，通过借鉴一流企业的成功方法或其他改进措施，使自己成为或赶超一流公司。对标及最佳企业参观可以对精益最佳工厂进行实地考察，切实将培训与标杆学习有机结合，把培训、体验、标杆企业参观学习融为一体，帮助企业加深对精益的理解，同时找到差距。

8. 企业架构准备

一般来说，总经理应是精益组织的负责人，可以成立相关的精益推行组织，组织应包括生产管理部门、制造部门、生产技术部门、品质部门等相关部门的主管，要确立负责人的改善职责。企业需要设立专门的精益推进部门，有专职的精益推行人员及精益专家。部门的名称可以是精益生产部、运营卓越部、持续改进部等。

精益生产经理根据公司精益推行的整体战略负责推进精益生产在企业的实施，向最高管理者报告，带动全体员工，共同参与精益生产计划的实施，将实施结果定期反馈给最高管理者，以实时调整方案。对实施过程中遇到的阻力，通过及时与最高管理者及相关管理者的沟通予以消除，确保实施的及时性和有效性。

实施精益生产应做好计划，包括系统的实施计划、年度计划和月度计划。计划应该包括项目、分析、责任人、完成时间等，并按照 PDCA（plan 计划、do 执行、check 检查、act 处理）的方式进行记录。

3.3.2 试点阶段

1. 试点工厂的价值流分析

价值流图用于呈现生产流程现状及问题，潜在的改进空间将通过价值流分析及设计被定义。精益生产的工具和方法多种多样，每种方法适合解决不同的问题，很多公司运用了一些精益的工具，如 5S、全面生产维护等，这些工具的运用为企业系统的导入精益奠定了基础。但是其改进都是凌乱的、非系统的。因此，所有的改进都需要以价值流分析为基础，从全价值链进行系统的改进。企业所有的改进项必须是价值流分析过后得出的改进项，所有改进活动的目标都是达到设计的未来价值流。

2. 工厂精益沟通计划

企业对精益的沟通应该面向企业的所有人员，利用所有可能的渠道，沟通和传播精益变革的新愿景及其战略，如企业内部杂志、内网、海报、企业员工大会、管理层会议、精益研讨会等各种形式。

与此同时，公司的管理层需要以精益领导者的行为作为榜样，树立新的行为方式。

3. 精益试点项目

精益试点可以从易入手并且见效快的项目开始，如 5S、目视化等。5S 是精益改善的基础，先从 5S 等现场环境改善入手，通过整理，清理掉现场的一些不要品，减少空间的占用；通过整顿，让现场的物品按秩序摆放，方便拿取；通过清扫，让现场变得干净，设备得到及时的保养；通过持续的检查、整改，让员工养成维持的习惯，并及时地更新各种表格，从而保持现场良好的环境，提高生产的效率和产品的质量。精益生产从 5S 开始，一方面，在 5S 的活动下，让现场走向有序化，减少一些比较显现的浪费现象；另一方面，通过领导的参与，让员工明白管理层对改善的决心，提高全员的改善意识。

试点一般建议的周期是 3～6 个月，当 5S 取得初步成果时，可以选择一条生产线进行示范改善。有的企业把示范线改善叫做“对象线改善”或“小范围改善”。改善的内容要尽可能地运用精益的工具，选择示范线进行改善的时候，要认真确认好改善前的状态，包括成品及使用零件清单、现状平面布局图、现行生产周期时间调查、在制品库存状况调查、送货频率及数量等。改善应该循序渐进，并落实每件事情的责任人，还应注意多运用头脑风暴的方法，集思广益。改善的信息应及时地向改善小组内的成员发布，确保同步进行，合作顺畅。改善小组的负责人，要每日对改善的进度进行确认。改善要及时做好成果统计和成果发布，让全员感受到精益生产的好处。

4. 其他基础性工作

在试点进行精益工具推行的同时，也要做好精益管理的相关工作。例如，对试点区域的主管进行精益的培训，建立基于精益理念的车间现场管理，制定精益主管的标准作业等。最后，还要对试点区域进行阶段性的总结评估。

3.3.3 全面推广阶段

在试点取得成效，取得信任和认可之后，可以顺势在整个企业进行全面推进。全面推进工作展开的基础仍然是对工厂全部价值流的分析。全面价值流分析和设计的推进需要协调企业各部门的资源，需要所有相关方的参与，从而达到全员参与、协同作业、共同改进的效果（图 3-1）。

在进行价值流分析及设计的同时，需要定义相关的标准，如精益现场主管角色和职责，进行一线主管技能培训（training within industry，TWI）等。

同时根据精益全员参与的持续改进的原则，对工厂范围内所有层级的员工进行精益培训，目标是公司 100%的员工都参加了至少一天的精益基础培训。

员工合理化建议系统的设计与全面展开也应该在这一时期完成，这样能充分调动员工积极地参与到工厂改善的活动中来，贡献自己的改善建议，同时获得相应的奖励。

3.3.4 整合供应链阶段

将精益生产从传统意义上的生产部门逐渐扩大到上下游。工厂内所有部门应该在推行精益的过程中意识到生产部门是企业的核心部门，而非“低级”的部门，车间里发现的很多问题，其实是各支持部门工作不到位造成的，因此在生产部门推行精益之后，相关的各职能部门也需要通过精益消除浪费，提高效率。精益办公室、精益物流、精益研发、精益供应商等也需要相继推行，从而整合整个供应链，做到真正的精益企业。

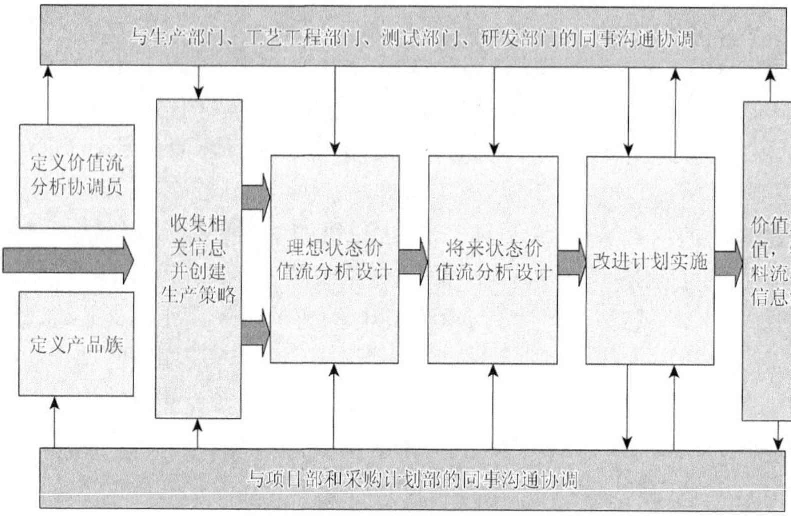

图 3-1　基于价值流分析的部门间的协调沟通

3.3.5　卓越运营阶段

在卓越运营阶段，企业需要在如下方面进行思考，并进行持续改进。

（1）建立结合企业自身特点的精益运营系统。

（2）建立自我改善团队。

（3）实施教练式领导，建立导师和学徒制。

（4）对管理层进行精益领导力评估，并制定改进措施减少差距。

（5）培养员工结构化解决问题的能力，完善全员参与的合理化建议系统，使改善成为日常工作方式。

（6）实施策略部署（或方针管理），达成共识，分享决策。

（7）定期进行精益评估并调整精益实施路线图。

3.4　精益转型的流动框架介绍

Thinkflow 公司的凯特·迈克尔开发了流动框架的理论，此框架基于迈克尔多年的精益咨询经验，其核心是建立流动、维持流动、组织流动以及测量和支持流动。流动框架建议企业采取广泛的行动，相对淡化工具的使用。关于流动框架的具体内容、关键问题和实施步骤，可以参考图 3-2、图 3-3 和图 3-4。

图 3-2　流动框架

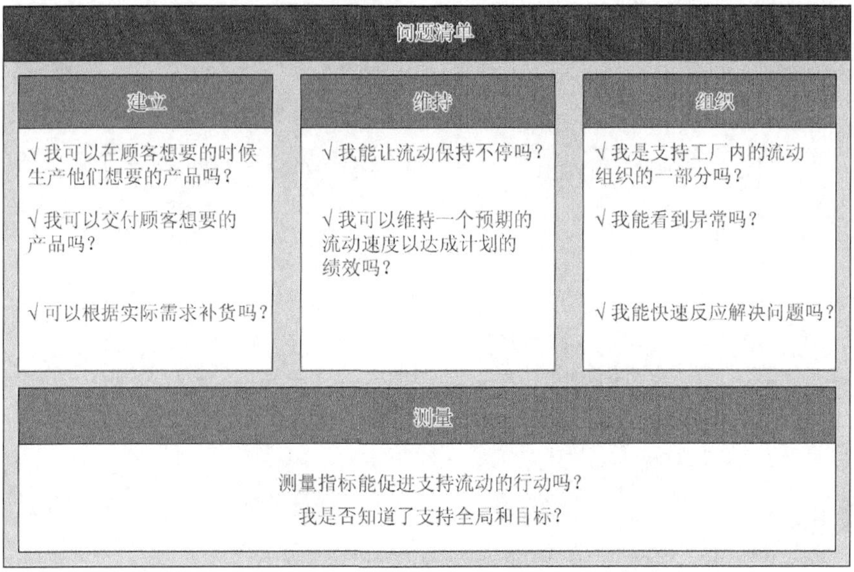

图 3-3　流动框架的问题清单

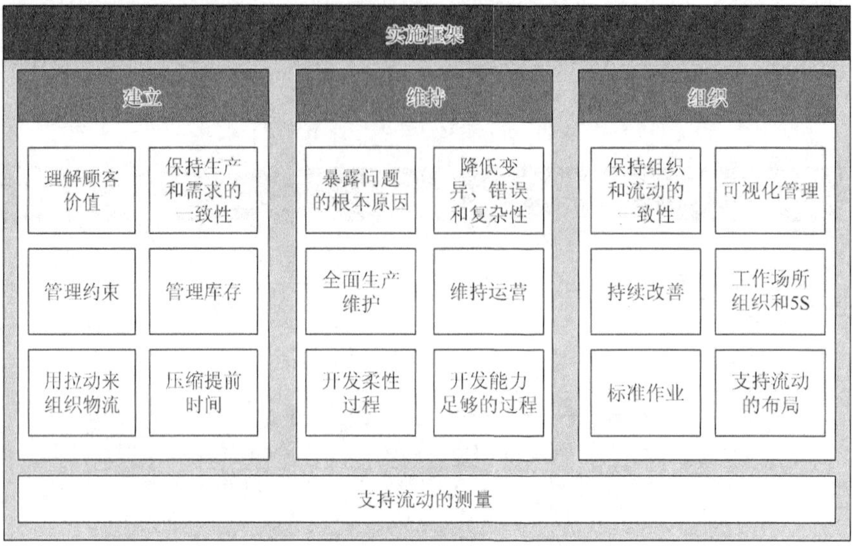

图 3-4　流动框架的实施步骤

第4章 精益生产的主要工具和方法

4.1 价值流分析

4.1.1 价值流分析定义

价值流起源于丰田公司，用来称呼“物与信息流图”（material and information flow diagram）。1998 年麦克·鲁斯（Mike Rother）和约翰·舒克（John Shook）在 *Learning to See* 中总结了价值流及其应用方法，并在随后投入汽车等制造业的生产实践中，获得了一致认同和好评。

价值流是指企业在生产过程中用来设计、生产、提供特定产品和服务的一系列活动。一个完整的价值流包括增值和非增值活动，如供应链成员间的沟通、物料的运输、生产计划的制订和安排以及从原材料到产品的物质转换过程等。价值流的概念几乎适用于任何价值链。价值流分析是指一种运用“精益语言”（language of lean）描述和改善生产过程、消除浪费的流程。

4.1.2 价值流分析意义

价值流的意义在于发现浪费及问题。它从宏观角度，从投入产出（input-output）的流程上审视业务及制程，便于发现浪费源，如隐蔽的工厂、过多的库存、重复工作、时间浪费、搬运、检测等，从而为企业进行持续的、系统化的改进提供科学依据。

价值流采用通用语言，用于流程和制程改善，使不同部门间容易沟通。价值流可用来作为确定及区别改善重点的优先次序的工具，避免“只挑容易的”来改进，实现改善投入回收比的最大化。同时，价值流技术是编制改善计划及实施计划的基础。企业管理者通过绘制价值流图，进行价值流图分析来发现并消灭浪费、降低成本，赢取最高的边际利润。

在精益生产中，运用价值流图从系统层面分析设计各种流程。价值流分析最初用于制造业，同时被广泛运用于物流、供应链、服务行业、医疗、软件开发、产品研发和行政管理等领域。在制造业中，价值指的是物料；在研发企业中，价值指的是设计成果；在服务行业和行政部门中，价值指的是顾客的需求。

4.1.3 价值流图

价值流图（value stream mapping，VSM）是丰田精益制造（lean manufacturing）生产系统框架下运用简单的符号和流线来描述物流和信息流的形象化工具。价值流图可以作为管理人员、工程师、生产制造人员、流程规划人员、供应商以及顾客发现浪费、寻找浪费根源的起点。在对价值流图的分析中，首先对运作过程中的现状进行分析，即对“当前状态图”进行分析，从顾客一端开始，了解顾客的需求情况和节拍；研究运作流程中的每一道工序，从下游追溯到上游，直至供应商。分析每个工序的增值和非增值活动，包括准备、加工、库存、物料的转移方法等；记录对应的时间，了解分析物流信息传递的路径和方法，判别和确定出浪费所在及其原因，为消灭浪费和持续改善提供目标；最后，根据企业的实际情况，设计出新的价值流程，为未来的运作指明方向。

价值流图始于对原材料的采购，贯穿于生产制造的所有流程、步骤，直到终端产品离开仓储。价值流图的目的是辨识和减少生产过程中的浪费，即不能为终端产品提供增值的任何活动。价值流图对生产制造过程中的周期时间、当机时间、在制品库存、原材料流动、信息流动等情况进行描摹和记录，有助于形象化当前流程的活动状态，并对生产流程进行指导。价值流图通常包括对当前状态和未来状态的刻画，寻找浪费，提出改善，是精益生产战略的基础。

4.1.4 价值流图分析

在价值流图分析中，运用不同符号表示流程以及流程中的物料和信息。价值流图包括信息（情报）流程，即从市场部接到客户订单或市场部预测客户的需求开始，到使之变成采购计划和生产计划的过程；实物流程，即从供应商供应原材料入库开始，包括出库制造、成品入库、产品出库，直至产品送达客户手中的过程。此外，实物流程中还包括产品的检验、停放等环节。

在进行价值流图分析时，通过绘制出信息（情报）流程和实物流程的现状图，将现状图与信息流程（情报）和实物流程的理想状况图进行对比，发现当前组织生产过程中存在的问题点，从而针对问题点提出改进措施。

价值流图的常用符号如表 4-1 所示。

表 4-1 价值流图常用符号

图形符号	含义
	顾客/供应商符号：在价值流图的左上角时表示供应商；在右上角时表示顾客，作为物料的终点
Process	工艺流程：价值流经过的过程、操作、机器或部门
C/T= C/O= Batch= Avail=	数据框：在其他符号框下，用来汇集各种参数，对系统进行监控和分析
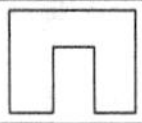	工作单元：用来汇聚多种工艺流程
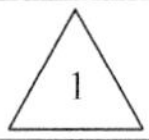	库存：表示工艺流程之间的库存

续表

图形符号	含义
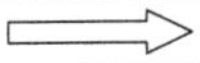	外部物料流动：表示从供应商到接收部门的物料流动，或成品从运输部门到顾客间的流动
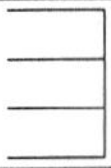	超市：看板的储藏点
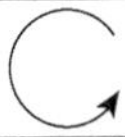	拉动：用来连接超市到下游工艺流程，表示物料的移动
	汽车运输：运用外部运输工具从供应商取货或向顾客发货
	手工信息流：用细直线表示流动的信息，包括记录、报告、谈话
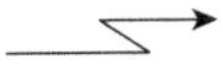	电子信息流：用折线表示电子信息的交换（electronic date interchange，EDI），如互联网、LAN、WAN 等。通常标明信息交换的频率和所使用的媒介，如传真、电话等
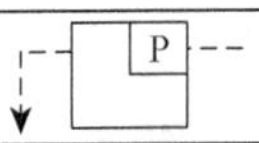	生产看板：该符号作为指令，对下游工艺流程提供零部件
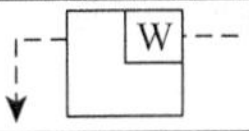	拿取看板：卡片或其他设备指示物料员将零部件从超市转移到各工艺流程
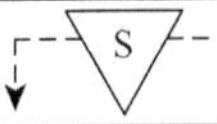	信号看板：用来表示超市的现时库存量下降至一定值或接近最小值

在分析中一般先对运作过程的现状进行分析，即所谓的当前状态图。从顾客一端开始，首先要了解顾客的需求情况及节拍时间（takt time）。生产不能满足节拍时间的要求，就有可能导致过量生产或停顿、生产不足或延迟，造成浪费。接着对物流信息的传递方法和路径进行分析，包括顾客到工厂、工厂到供应商、生产物料计划到各工序的信息传递情况，生产计划是如何下达的。最后，计算出整个运作过程的生产周期（total product cycle time）以及相应的增值时间。

➢案例 4-1　某汽车技术工厂价值流分析

某汽车技术公司为汽车行业生产数种零部件。这个案例分析涉及其中一个产品族，一个悬挂臂的两个版本：用于相同车辆的一个左手驱动和一个右手驱动模块。这些部件要送到汽车装配部门（客户）。

1. 客户需求

（1）18400 件/月：12000 件/月“L”；6400 件/月“R”。

（2）每天订单的需求波动是无法预测的。

（3）客户工厂每天运行两班。

（4）运输中使用容量为 20 个悬挂臂的容器。客户订单按容器数量进行（每个订单几个容器）。

（5）装配部门每天接收一次卡车发运的货物。

2. 生产流程

下述是汽车技术公司的该种产品族的生产流程步骤：冲压一个金属件，焊接和装配。每天的完成品存放在厂区的泊车位并送往汽车装配部门。

（1）“左”和“右”两种类型的切换时间需求：冲压车间需要 1 小时，焊接车间需要10分钟。

（2）冶金公司在周二和周四为汽车技术公司提供钢带卷料。

3. 工作时间

（1）20天/月。

（2）所有生产区域都是两班作业。

（3）每班8小时，在工间休息时，人工作业停止，午餐时间不计在内。

（4）汽车技术公司自行安排生产计划。

（5）从客户处能够接收到一个90/60/30天的预测，并输入到导向系统。

（6）把6周计划通过导向系统提供给冶金公司。

（7）每周传真订单发送给冶金公司确保钢带卷料的供应。

（8）每天从科隆工厂接收一个必须遵守的订单。

（9）利用导向系统依据客户订单、作业流程、在制品可成品库存以及预估的生产故障（报废、停机）为各部门创建周计划。

（10）把周计划传递到冲压车间、焊接和装配部门，发放每天发货计划到发运部门。

某汽车技术工厂的布局图及主要流程如图4-1所示。

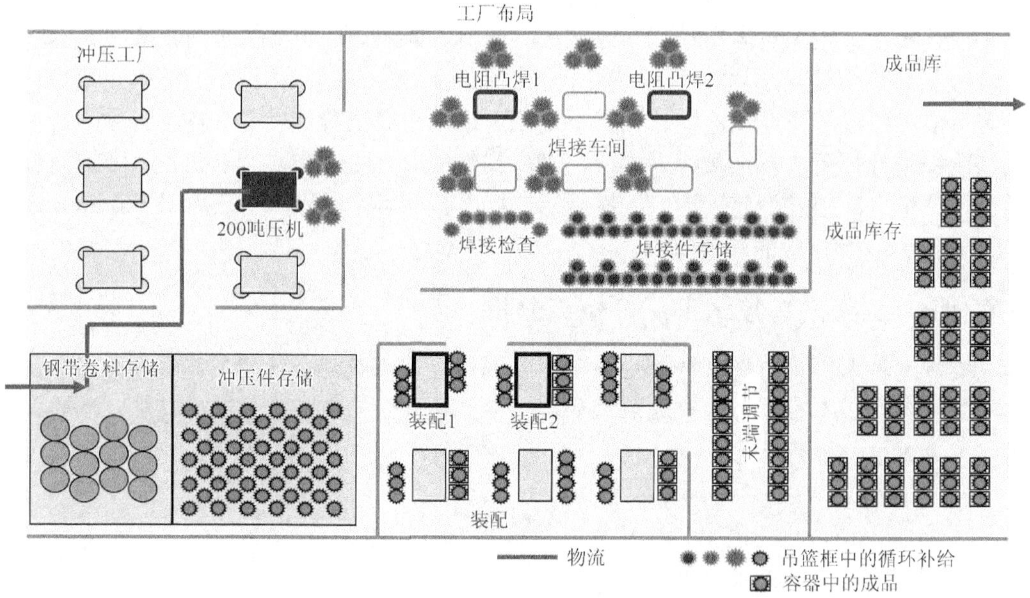

图4-1 某汽车技术工厂的布局图及主要流程

4. 工序信息

流程按下述顺序进行，每个产品都必须经过所有工序。

1）冲压（冲压生产为汽车技术公司的不同产品生产12种不同的部件）

（1）200吨自动冲压机，自动涂覆油膜。

（2）生产周期时间：1秒（60件/分钟）。

（3）设置时间：1小时。

（4）机器可靠性：85%。

（5）一位员工。

（6）当天库存量：5 天的钢带卷料，4600 件“L”冲压完成品，2400 件“R”冲压完成品。

2）电阻凸焊 1（该产品族专用）

（1）一位员工的人工作业工序。

（2）生产周期时间：39 秒。

（3）设置时间：10 分钟（更换夹具）。

（4）机器可靠性：100%。

（5）当天库存量：1100 件“L”，600 件“R”。

3）电阻凸焊 2（该产品族专用）

（1）一位员工的人工作业工序。

（2）生产周期时间：46 秒。

（3）设置时间：10 分钟（更换夹具）。

（4）机器可靠性：80%。

（5）当天库存量：1600 件“L”，850 件“R”。

4）装配 1（该产品族专用）

（1）一位员工的人工作业工序。

（2）生产周期时间：62 秒。

（3）设置时间：无。

（4）机器可靠性：100%。

（5）当天库存量：1200 件“L”，640 件“R”。

5）装配 2（该产品族专用）

（1）一位员工人工作业工序。

（2）生产周期时间：40 秒。

（3）设置时间：无。

（4）机器可靠性：100%。

（5）当天库存量：2700 件“L”，1440 件“R”。

6）发运部门

使用卡车供应和发送完成货物，根据相关信息绘制现状图（图 4-2）。

通过对现状图的分析，发现主要有以下一些问题。

（1）过量生产。在这些地方都可以发现高库存：钢带卷料存储、“冲压”和“装配 2”流程滞后。

（2）从“装配流程”到“凸出焊接流程”没有形成单件流。

（3）流程特性导致不同的周期时间并未得到同步。

（4）“装配”流程是一个瓶颈，其周期时间大于节拍时间。

（5）流程时间和前置期的比例是不恰当的。

（6）价值流中的每个流程都是一个作业“孤岛”，都是通过计划来进行生产和移动物料的。

（7）供应商的物料供应是基于生产计划进行的，而非真实的客户需求。

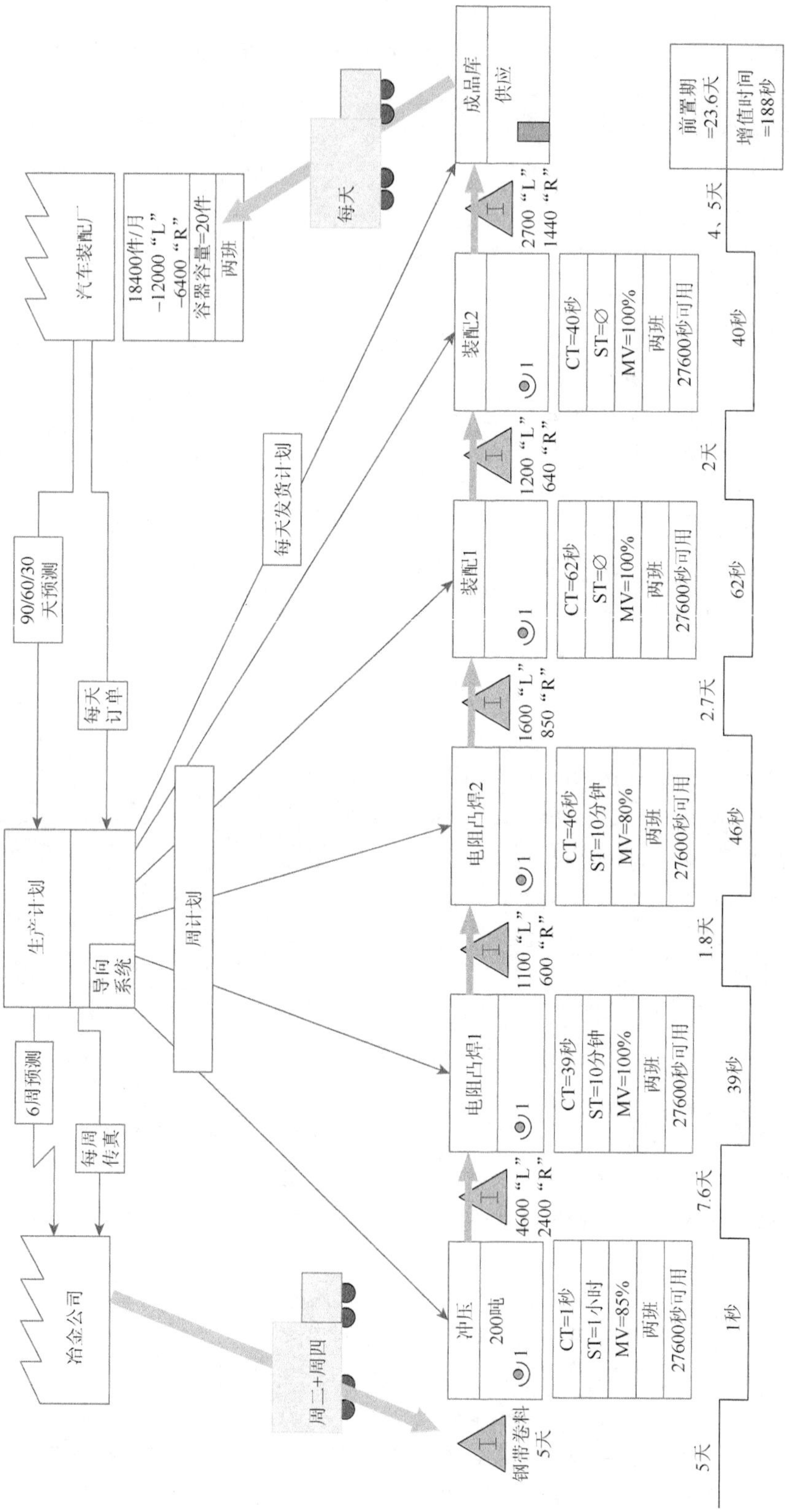
汽车装配厂
18400件/月
-12000 "L"
-6400 "R"
容器容量=20件
两班
每天
成品库
供应
90/60/30天预测
每天订单
每天发货计划
生产计划
导向系统
周计划
6周预测
每周传真
冶金公司
周二+周四
钢带卷料 5天
冲压
200吨
1
CT=1秒
ST=1小时
MV=85%
两班
27600秒可用
4600 "L"
2400 "R"
电阻凸焊1
1
CT=39秒
ST=10分钟
MV=100%
两班
27600秒可用
1100 "L"
600 "R"
电阻凸焊2
1
CT=46秒
ST=10分钟
MV=80%
两班
27600秒可用
1600 "L"
850 "R"
装配1
1
CT=62秒
ST=∅
MV=100%
两班
27600秒可用
1200 "L"
640 "R"
装配2
1
CT=40秒
ST=∅
MV=100%
两班
27600秒可用
2700 "L"
1440 "R"
5天
1秒
7.6天
39秒
1.8天
46秒
2.7天
62秒
2天
40秒
4、5天
前置期=23.6天
增值时间=188秒

图 4-2 流程现状图

（8）冲压工序的设置时间长达 1 小时，太高了，这意味着不是所有的种类都能在每天进行生产（12 种类型）。

5. 优化举例

1）从孤岛式作业到创建连续流（图 4-3）

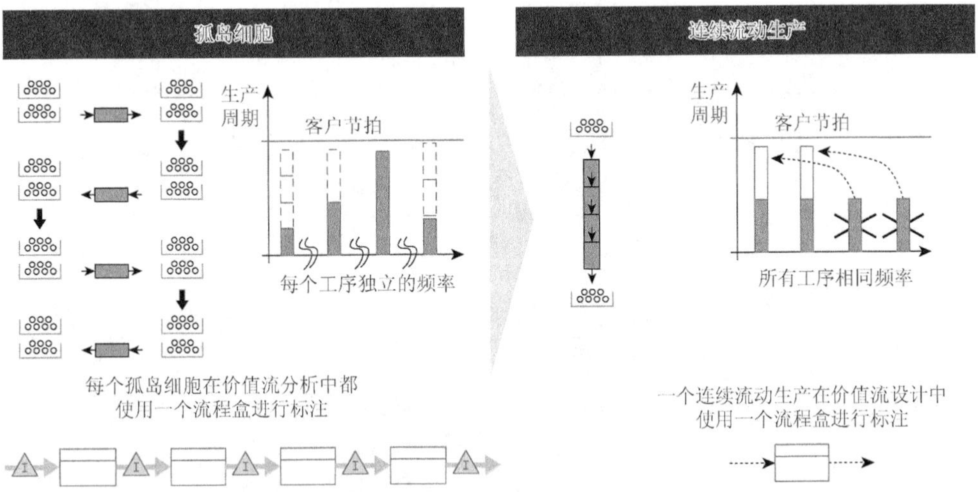

图 4-3　孤岛细胞到连续流动生产

2）使用超市系统来进行生产控制（图 4-4）

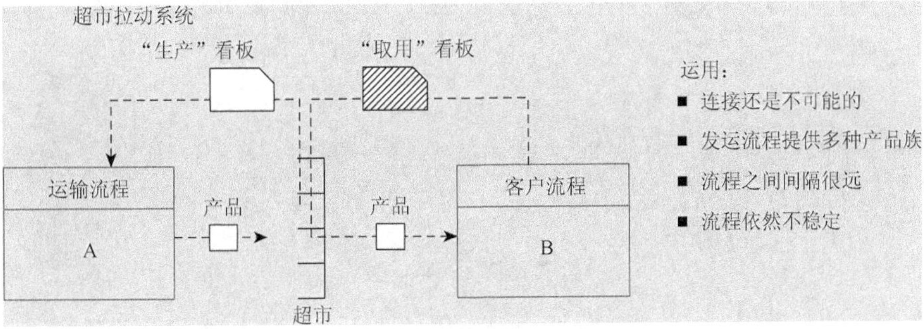

图 4-4　超市系统生产控制

3）进行必要的流程改进

必要的流程改进包括以下几方面。

（1）减少冲压步骤的设置时间，提升对消耗的反应时间。初始目标是所有品种在每天都能够进行生产。

（2）减少电阻凸焊 1 和电阻凸焊 2 工序的设置时间，以实现与装配工序的连接，实现“节拍设置”。

（3）把电阻凸焊 2 工序的机器可靠性从 80%提高到 100%，是实现流程链“焊接+装配”的要求。

（4）消除流程链“焊接+装配”中的浪费，把总的作业内容缩减到小于 168 秒。这样一来，3 个人的流程链可以实现低于节拍时间的生产周期时间。

4）绘制未来的状态图（图 4-5）

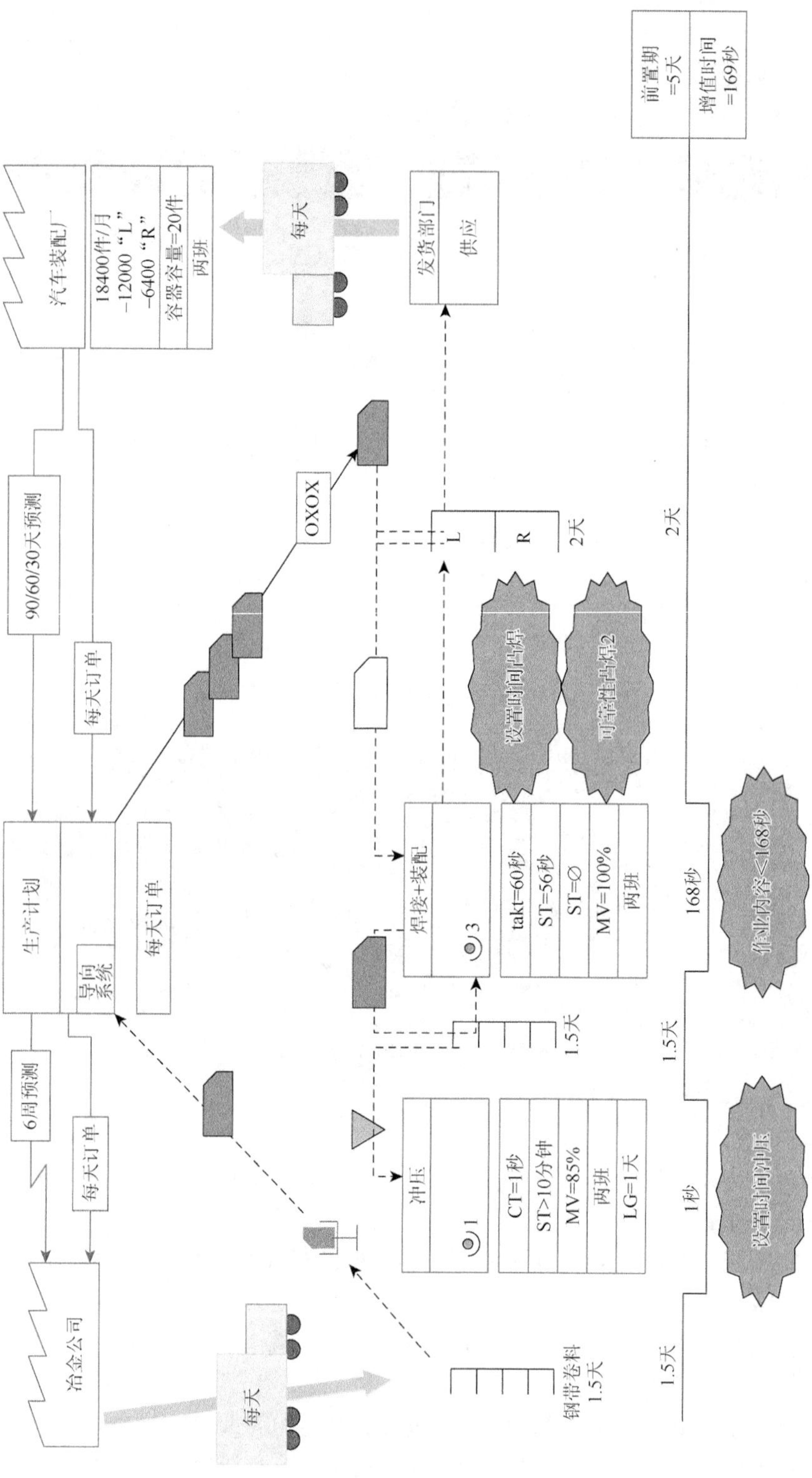
汽车装配厂
18400件/月
-12000 "L"
-6400 "R"
容器容量=20件
两班
每天
发货部门
供应
90/60/30天预测
每天订单
生产计划
导向系统
每天订单
OXOX
L
R
2天
设置时间凸焊
可靠性凸焊2
焊接+装配
3
takt=60秒
ST=56秒
ST=∅
MV=100%
两班
6周预测
每天订单
冶金公司
每天
冲压
1
CT=1秒
ST>10分钟
MV=85%
两班
LG=1天
钢带卷料
1.5天
1.5天
1.5天
1秒
168秒
2天
设置时间冲压
作业内容<168秒
前置期
=5天
增值时间
=169秒

图 4-5 流程未来状态图

5）制订项目行动计划表并跟踪实施状态（图 4-6）

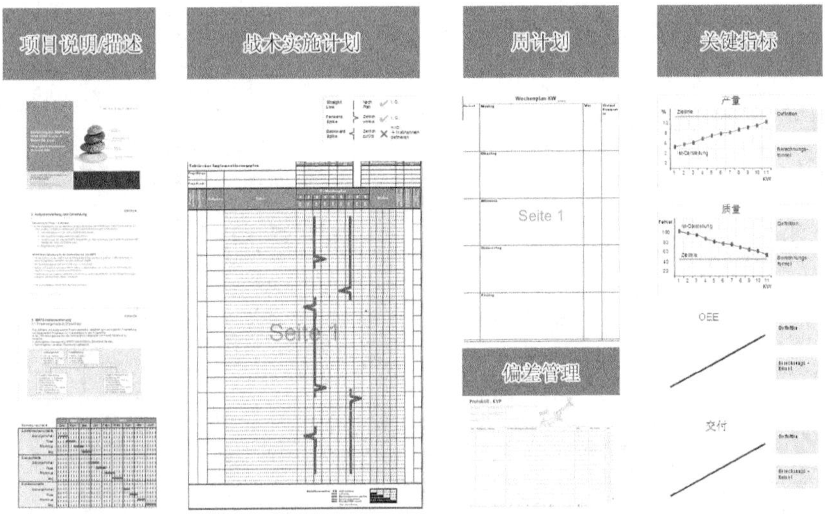

图 4-6　项目行动计划

➢案例 4-2　R 企业价值流分析

1. R 企业现状分析

R 企业是一家汽车零部件生产商，是上海大众、上海通用、一汽大众等主机厂的一级供应商，主要生产的产品是车轮饰盖。该厂在近 5 年实现了跨越式发展，销量以每年 150%以上的速度快速增长，销售额遥遥领先，目前已跃居行业的前列。但是，在销量快速增长的同时，生产管理中的问题也越来越严重。具体包括，单件产品的利润逐渐减少，企业经济效益变差。另外，对生产现场的管理力度较低，现场较为混乱。生产车间布局混乱、产品的库存较多、物流路线相互交叉、人员安排混乱等问题普遍存在。生产的产品交付时间不能按时，订单完成质量不好，生产计划无法合理布置，使企业的信誉受损。

面对企业存在的上述问题，必须及时对企业采取改革措施。因此，下面实施精益生产方式，并成立改进小组，通过应用价值流分析工具，对生产过程进行优化。

2. 企业现状价值流图

图 4-7 是根据产品价值流动过程，应用价值流图的特定符号，结合现状数据，绘制的现状价值流图。选择 POLO 车轮饰盖（有 A、B 这两种类型）作为研究对象，两种类型产品具有相同的生产工艺，使用过程框来描述该系列产品的生产工艺。1 个过程框代表 1 个物流的区域，物料在过程框内是连续流动的，而在两个过程框之间会有停顿，以批量方式移动。客户要求每天送货，日需求量为 A 型 600 件和 B 型 400 件，包装尺寸为 1 只周转箱 50 件。

生产过程的特征参数包括：C/T（周期/时间）、C/O（换型时间）、η（机器使用率）、ET（机器有效工作时间）、工作制、（操作者）数量等。

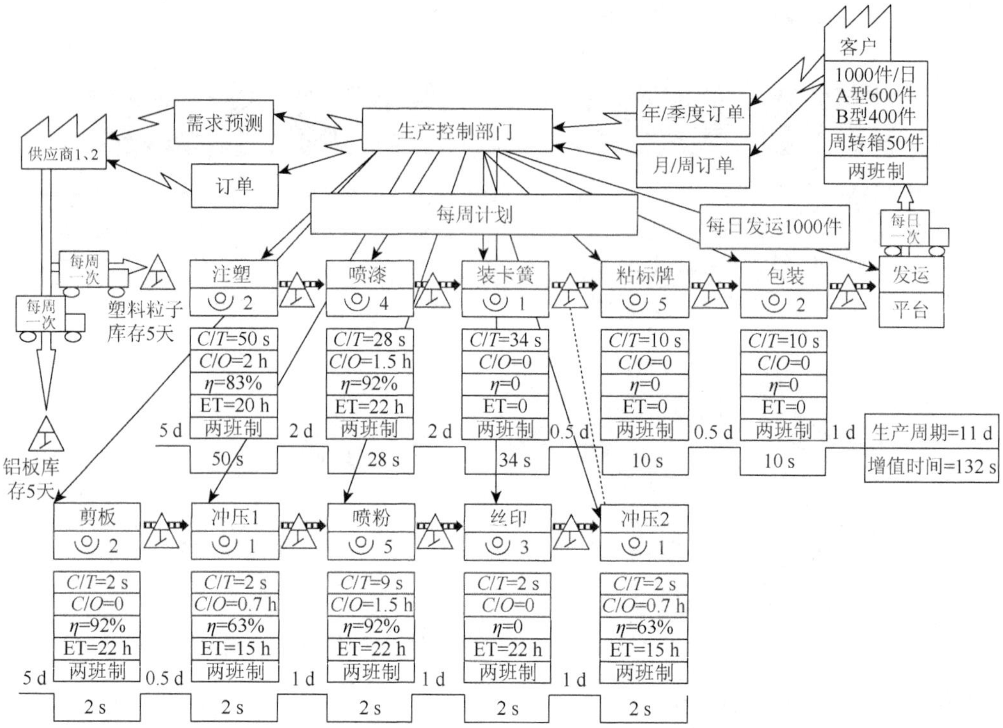

图 4-7　现状价值流图

3. 现状价值流图分析

对现状价值流图中的数据进行如下分析。

增值时间 AT：实际作业时间，即所有工序的加工周期之和（并行工序以时间较长工序计算）。

$$AT=\sum_{i=1}^{k}CT_i=50+28+34+10+10=132(秒)$$

其中，CT_i是第 i 个工序的加工周期。

非增值时间 UT：除加工时间以外的所有时间，非增值时间以天来计算。

$$UT=\sum_{i=1}^{k}\overline{CT_i}=5+2+2+0.5+0.5+1=11(天)$$

其中，$\overline{CT_i}$是第 i 个工序到第 i+1 个工序的间隔时间。

$$增值比=\frac{AT}{AT+UT}=\frac{132}{132+11\times22\times3600}=0.0151\%(每天工作时间按 22 小时计)$$

注塑工序时间最长，日产能为 $20\times3600/50=1440$ 件，故所有工序产能均满足客户需求。

从以上计算和价值流图分析来看，主要存在以下问题。

（1）增值比很低。即大部分时间是不增值的，时间主要消耗在等待和无效的搬运中，生产模式还是传统的批量生产。

（2）产品换型时间较长。注塑换模需要 2 小时，喷漆线换型需要 115 小时，冲压换模需要 40 分钟，这对于多品种小批量来说显然是一个巨大瓶颈。

（3）压装车间未实行流水线作业。主要原因是装卡簧工序较复杂，而且纯手工作业，操作时间较长，此外人员配置也不合理，操作员只有 1 人。

（4）供应商的供货周期较长，考虑进行适当压缩。

4.2　单元生产

4.2.1　单元生产定义

在产品制造过程中，各个工位紧密连接，近似于连续流。产品在生产时，存在批量加工和批量转移的现象。批量最小单位的物流通常称为“一个流”。单元生产（cell production）是一种生产线设置方法，生产线按照流程布局成一个完整的作业单元，作业员在单元内进行目标为“一个流”的作业。

作为精益生产的一种方式，企业通过单元生产以尽可能小的成本制造出一系列的满足顾客需要的产品。在单元生产中，设备和厂房通过特定的顺序安排，降低材料和零部件的搬运距离，减少流程的延误。

4.2.2　单元生产历史沿革

单元生产方式始于苏联 20 世纪 50 年代中期由斯·帕·米特洛凡诺夫提出的成组技术（group technology）。日本于 20 世纪 80 年代开始这方面的研究，并且创造性地在 SONY 大范围的成功运用，NEC、欧姆龙、佳能、松下等纷纷导入单元生产方式，应对多品种、多批次、小批量、短交期、定制化、更新快的市场需求形态。在我国，1966 年大连机床厂开始实施成组制造技术。1977 年第一机械工业部提出了推广成组技术的十年规划，得到了一汽等企业的纷纷响应。20 世纪 90 年代中后期我国陆续出现了单元生产方式的应用。21 世纪是少量生产、多样化消费的时代。传统的流水线生产方式需要大规模投入，满足大规模生产；而单元生产方式灵活机动，满足多样化生产的需求。单元生产方式将成为制造业的主流生产方式之一。

佳能日本厂运用单元生产对其生产方式进行革新。1998～2003 年，单元生产方式帮助佳能减少了 2.7 万劳动力，同时提高了 50%的劳动生产效率，节约了 72 万平方米的工厂面积，使得佳能为储存零件和设备租用的仓库数量从 37 个减少到 8 个，削减了 2.8 亿美元的房地产成本。单元生产提高了产品的质量和性能，增加了产品的种类，使其更好地满足客户的需求。尽管佳能在日本生产的产品价格较高，但质量和性能品种的优势，使其需求量迅速增长，利润增加。2004 年 7 月，得益于彩色复印机和数码相机的巨大需求，佳能单季度的利润增长达到了 30%，合计 30 亿美元。单元生产在佳能公司的利润增长中起到了巨大的作用。

传统大批量生产方式将复杂的生产工艺分解成众多的容易掌握的工序，每个工人只完成一个工序，劳动者进入生产过程的成本较低。大批量生产方式工作的工人从事着简单枯燥、重复、机械的工作，劳动者在这种生产方式中，被“锻造”成不懂得思考的“零件人”或“局部人”。单元生产方式能把大量“局部人”或“零件人”转化为“完整人”，提高了产品的多样性，使其更好地适应当今市场顾客灵活化、个性化的需求，从而提高销量，增加效益。

4.2.3 单元的设计

在生产中，通过合并产品自然流程中的操作、机器或人组成单元，实现单件流。单件流是指产品按顾客需求规定的速率一次一件地完成整个流程的状态。单件流作业有利于公司快速出货给客户，减少了存储和传输的需求。在对某产品的生产中，单件所需的零部件从存储状态移动到生产单元，并进行各步加工。所有工序在生产单元中完成，常见的生产单元包括 U 型（便于工人的交流和移动）、直线型和 L 型。单元中所需工人的数量取决于顾客实时的需求，通过调整工人的数量增加或降低产量。如果一个单元通常需要两人，当需求量翻倍时则需要四人。如果需求量减半，工人数则相应减少为一人。生产单元组成的灵活性需要工人熟练掌握多种加工流程。

生产单元内较短的移动距离能够加快流动的速率。同时，紧凑的生产单元能够减小单元内各工序站（cell station）间的距离，从而减少因各站间距离过长所设置的库存。对生产单元进行设计时，通常采用某些方法减少所需的库存数量。例如，可在工序站间设置固定的区域，称为看板块（Kanban square）。看板块用来放置供料和用料的工序站间通过的部件，因此可确定工序站间可能通过的最大部件数量。在加工时，通过的部件逐件放入看板块中，当每个看板块中部件被放满时，加工停止。

在生产中通常采用数学模型或算法来辅助规划单元生产，运用定量方法解决规划中的一些重要问题，如设备的摆放位置、以需求为导向的生产流程规划等。通过数学建模提高单元内物料使用效率，减少每工位生产成本，减少生产单元间的运输。

4.2.4 单元生产类型

（1）屋台式。屋台式单元生产线指的是一个作业员拥有一条完整的生产线（图 4-8）。屋台式命名来源于日本的一种小吃作坊。屋台式生产的作业方式是通过单人完成生产任务。在生产中采用 U 型布局，缩短员工从最后一道工序到第一道工序的走动距离。物料以单件流的形式通过流动。屋台式的优点是单人操作，易于掌握操作的平衡；缺点是对设备投资大，并且对员工技能要求高。

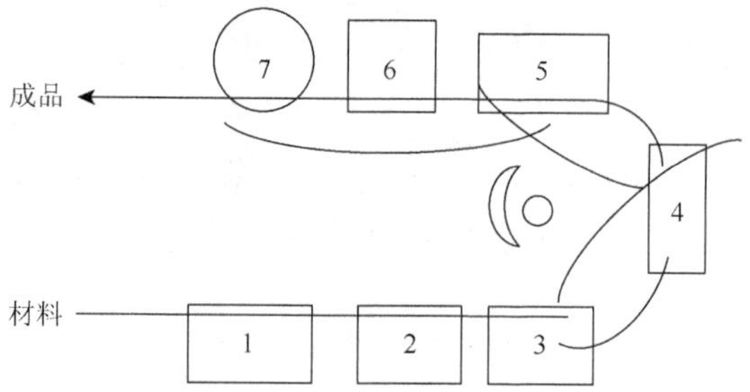

图 4-8 屋台式生产类型的布局结构

（2）逐兔式。逐兔式单元生产仍然采用一人完结式作业，但是多人共用一条生产线，作业并不进行工序分割，而是同时进行。逐兔式单元生产的作业方式同样为单人完成整个加工流程，通常采用 U 型布局。物料的流动为单件流。优点是设备所需的投资少，多人可以共用一套设备，减少每部设备的空闲时间。缺点是生产线平衡度不够高，做得快的员工往往会受制于做得慢的员工；对员工技能要求高。图 4-9 为逐兔式生产类型的布局结构。

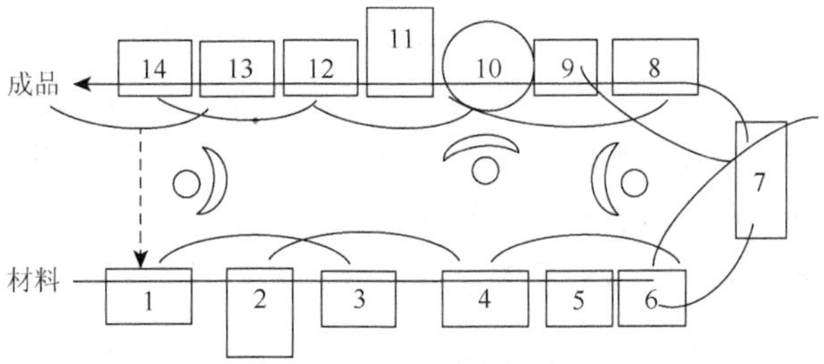

图 4-9　逐兔式生产类型的布局结构

（3）分割式。与逐兔式不同的是，分割式放弃了一人完结式作业，将一个完整的工艺流程由几个员工共同完成。在图 4-10 中，各员工通过分工和相互协助进行作业。分割式生产采用 U 型布局，物料的流动同样为单件流。由于多人共用机器，所以减少了设备投资；同时对员工技能要求较低。多人操作的模式线也使生产线的平衡程度不够高。

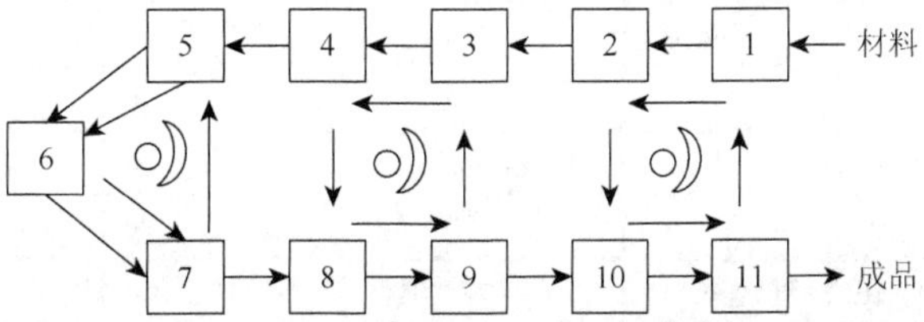

图 4-10　分割式生产类型的布局结构

4.2.5　单元生产优点

单元生产能够缩短生产周期，实现快速交货。单元生产的交货期大约为批量生产的五分之一。产品切换时间短、快速对应紧急订单，与客户沟通方便，反应迅速。由于在加工时半成品少到人手一个，所以物料人员对物料数量能够进行精确控制。单元生产是对精益生产认识不断加深的产物。初期，人们对精益生产的认识停留在拉动生产上：认为通过认真分析现状和利用现有资源，可以建立起一套系统，从而达到零库存的目标。大量实践证明该做法的效果不如预期。于是人们逐渐意识到现场改造的重要性。单元生产体现了这一精神，具有机动、灵活的优点，管理者可以根据需求规定的产量对单元进行实时增减，以适应多变的市场需求。

单元生产有以下优点。

（1）减少生产过程中的搬运和等待。

（2）消除过量生产带来的混乱。

（3）减少完成流程所需要的步骤。

（4）缩短产品交货周期，符合顾客的需要并且尽早使企业在产品中的投入得到回报。

（5）节约工厂的空间，使其能用于其他有附加价值的目的。

（6）加强对制约低库存生产的问题的有效解决，使公司得以持续发展。

➢案例 4-3　某企业精益生产实施案例

1. 概述

广东省某光学制造企业其产品质量、市场占有率在同行业均处于领先水平。为了进一步提升整体劳动生产效率，降低制造成本，提升企业竞争力，选取其中一个有代表性的单元为研究和改善的对象，详细阐述平衡率单元生产方式的应用及其优化方法。根据该单元内设备、工序的布局绘制出平面布置图，同时标出该单元的工艺流程图。通过现场观测，得出各工序的生产速度和各工序所需作业员的数量，见表 4-2。

表 4-2　各工序生产速度和作业员数量

工序名称	一群压 PIN	G3 组立点胶固化	G2 组付点胶	G1 组付
作业时间/s	20	27	22	19
工序名称	一群调芯	快门组组付	贴遮光纸压 PIN	G6 组立点胶固化
作业时间/s	20.5	24	21	26
工序名称	G4/5 组立	二群调芯	固定筒组付	固定筒涂油
作业时间/s	17	29.5	12	15
工序名称	FPC 固定筒组付	CAM 筒组付	快门与二群组付	一群组付
作业时间/s	16	25	16.5	24
工序名称	齿轮系组付	G7 组立点胶固化	三群组付	马达与 FPC 焊接
作业时间/s	20	25	20.5	13
工序名称	快门 FPC 焊接	防尘叶片组付	防尘盖组付检查	镜头外观检查
作业时间/s	11	15.5	18	16

2. 生产线平衡

平衡生产线是指对生产过程的全部工序平均化，调整作业负荷，以使各作业时间尽可能相近的技术手段和方法。在生产线上，一条生产线不平衡往往会造成工时损失，还会造成大量的工序堆积及存滞品，严重的则会造成生产的中止。所以其基本原则是通过调整工序的作业内容使各工序作业时间接近或减少这一偏差。衡量平衡生产线效果的一个重要指标是生产线平衡率。

$$\text{平衡率}=\frac{\text{各工序时间总和}}{\text{人或机器数目}\times \text{CT}}\times 100\%=\frac{\sum_{i=1}^{n} t_i}{\text{人或机器数目}\times \text{CT}} \tag{4-1}$$

式中，t_i为生产线各工序的作业时间；CT 为周期时间，等于生产线作业中作业时间最长工序的作业时间。

由式（4-1）可见，生产线各相关工序之间的作业时间直接影响整个生产过程的整体效率。生产线的作业周期由生产线上作业时间最长工序的时间 CT 决定的，因此，各工序时间与 CT 应该尽量一致。比周期时间 CT 长的最多的作业单元就是这条生产线的瓶颈。减少瓶颈时间，使各工序之间的时间差距减小就是改善的一个目标。根据表 4-2 做出作业密度及平衡分析表，如表 4-3 所示。

表 4-3　作业密度及平衡分析表

工序名称	一群压 PIN	G3 组立点胶固化	G2 组付点胶	G1 组付
作业时间/s	20	27	22	19
操作人数/人	1	1	1	1
工序名称	一群调芯	快门组组付	贴遮光纸压 PIN	G6 组立点胶固化
作业时间/s	20.5	24	21	26
操作人数/人	2	1	1	1
工序名称	G4/5 组立	二群调芯	固定筒组付	固定筒涂油
作业时间/s	17	29.5	12	15
操作人数/人	1	2	1	1
工序名称	FPC 固定筒组付	CAM 筒组付	快门与二群组付	一群组付
作业时间/s	16	25	16.5	24
操作人数/人	1	1	2	2
工序名称	齿轮系组付	G7 组立点胶固化	三群组付	马达与 FPC 焊接
作业时间/s	20	25	20.5	13
操作人数/人	2	1	2	1
工序名称	快门 FPC 焊接	防尘叶片组付	防尘盖组付检查	镜头外观检查
作业时间/s	11	15.5	18	16
操作人数/人	1	2	1	2

由表 4-3 可知，各工序的时间总和为 473.5s，则平均一个工序的时间为 19.7s；作业员的总数 32 人；二群调芯工艺所用的时间最多，其作业时间为周期时间，所以 CT = 29.5s，根据式（4-1）计算平衡率为 50.16%。

3. 生产线变速

上面分析改善后的生产线中共用 32 名作业员，每名作业员只操作一道工序，此时生产线的周期时间最短，生产能力最大，生产的速度最快，处于高速运转状态。这种状态能够满足市场的高需求，但市场的需求不断变化，不会一直处于高需求，也就不需要生产线总处于高速运转状态。这时，面对需求和产量的变化，作为单元生产线，不必调整生产线布局，只需增减作业员数量，同时重新分配工序即可。

（1）生产线中速运转。生产线中速运转可以采用分割式单元生产线。分割式单元生产线多人共用一条生产线，但不是一人完结的作业方法。把一个完整的工艺流程，根据作业员的技能现状，分给几位作业员完成。生产线实现中速运转，可以在改进的生产线上减少作业员，进行工序的分割和重新分配。

根据分割后的情况，做出分割式单元生产线的作业密度及平衡分析表，如表 4-4 所示。

表 4-4 分割式单元生产线作业密度及平衡分析表

工序组序号	工序组时间/s	操作人数/人
1	46	1
2	47	1
3	60	1
4	60	1
5	59	1
6	65	1
7	60.5	2
8	55	1
9	46	1
10	63	1

由表 4-4 可知，各工序组的时间总和为 561.5s，则平均一个工序组的时间为 56.2s；作业员的总数 11 人。工序组 6 所用的时间最多，其作业时间为周期时间，所以，据式(4-1)计算平衡率为 78.53%。

改善后的生产线处于高速运转状态，周期时间为 24s。变速后采用的分割式单元生产线处于中速运转状态，周期时间为 65s。假设高速运转状态下日产量为 1000 台，则在分割式单元生产线的中速运转状态下，日产量为 369 台。

（2）生产线低速运转。生产线低速运转可以采用逐兔式单元生产线。逐兔式单元生产线多人共用一条生产线，但采用一人完结的作业方法，每名作业员从头做到尾。在改善后的生产线上采用逐兔式单元生产线，并共设置 4 名作业员共用生产线，各工序的作业时间如表 4-5 所示。

表 4-5 逐兔式单元生产线各工序作业时间表

工序名称	一群压 PIN	G3 组立点胶固化	G2 组付点胶	G1 组付
作业时间/s	22	24	23	19
工序名称	一群调芯	快门组组付	贴遮光纸压 PIN	G6 组立点胶固化
作业时间/s	41	24	21	22
工序名称	G4/5 组立	二群调芯	固定筒组付涂油	FPC 固定筒组付
作业时间/s	17	59	21.5	21.5
工序名称	CAM 筒组付	快门与二群组付	一群组付	齿轮系组付
作业时间/s	22	33	48	40
工序名称	G7 组立点胶固化	三群组付	马达与 FPC 焊接	快门 FPC 焊接
作业时间/s	22	33	17	14.5
工序名称	防尘叶片组付	防尘盖组付检查	镜头外观检查	
作业时间/s	31	145	32	

由表 4-5 可知，各工序的时间总和为 622s，则平均一个工序的时间为 27s；作业员的总数 4 人；采用一人完结的作业方式，所以，根据公式（4-1）计算平衡率为 100%。

改善后的生产线处于高速运转状态，周期时间为 24s。变速后采用的逐兔式单元生产线，处于低速运转状态，周期时间为 155.5s。假设高速运转状态下日产量为 1000 台，则在逐兔式单元生产线的低速运转状态下，日产量为 154 台。

4. 三种生产状态的比较

本书采用的三种生产线形式，即经过 ECRS（elimination combination rearrangement simplification）原则改善的生产线、分割式单元生产线和逐兔式单元生产线，分别对应了生产线的三种运转状态，即高速运转状态、中速运转状态和低速运转状态。三种运转状态下的作业员的数量和设置、工序分配、生产线的使用情况都不同，导致生产线的平衡率、周期时间和产量也都不同。三种运转状态的比较如表 4-6 所示。

表 4-6 三种运转状态的比较表

生产线形式	传统的生产线	分割式单元生产线	逐兔式单元生产线
运转状态	高速	中速	低速
作业员数/人	32	11	4
总工序时间/s	473.5	561.5	622
平衡率/%	50.16	78.53	100
周期时间/s	29.5	65	155.5
相对日产量/台	1000	369	154

由表 4-6 可知，作业员的数量越多，工序越细分，生产线的运转速度越快，总工序时间越短，周期时间越短，产量越高，但生产线的平衡率就越低。作业员的数量减少，多个工序组合，生产线的运转速度会变慢，总工序时间变长，周期时间增长，产量变低，但生产线的平衡率会升高，当采用一人完结方式的逐兔式单元生产线时，生产线的平衡率能达到 100%。

4.3 快速换型

4.3.1 快速换型定义

快速换型（single minute exchange of die，SMED）是 20 世纪 50 年代初期日本丰田汽车公司摸索的一套应对多批少量、降低库存、提高生产系统快速反应能力的技术。快速换型是一种力争减少设备换型换模时间的方法。这一方法由日本的新乡重夫首创，是丰田生产系统的一个重要组成部分。随后该方法在其他企业得到了广泛的运用，用来缩短模具的换型时间。single 的意思是小于 10 分钟，当新乡重夫目睹换型时间居然高达 1 小时的时候，产生了“必须让流动顺畅起来”的想法。他开发了一个可以分析换模过程的方法，为现场人员找到了换型时间长的原因，以及使换型时间相应减少的方法。在他领导的多个案例中，换型时间甚至被降到了 10 分钟以内，因此将这种快速换型方法冠名为“单位分钟快速切换”。

快速换型是一种在生产过程中减少浪费的精益生产方法。快速换型能够快速有效地实现不同产品制造流程间的转换。这种快速的转换对于减少生产现场占地面积和减少浪费至关重要。

降低设置时间的好处主要有：①缩短交货期；②减少批量尺寸；③降低库存投资；④减少维修问题；⑤改善质量；⑥提高生产力；⑦增加产量；⑧提升顾客满意度；⑨提高竞争力。

换型时间指的是准备设备、机器、流程或系统的时间，包括从完成上一批次的最后一个合格品到下一批次的第一个合格品的换型过程时间。设备开始启动的过程也是换型时间的一部分。换型时间包括对设备的调试调整、装载及功能检查、放置合适工具，以及更换模具。

缩短换型时间在精益生产中十分重要。换型时间的缩短既能增加机器的使用效率，使设备在给定时间内能够加工更多的零件，又能减少批量的数量，对内部和外部客户的需求反应更加柔性化。对工人来说，快速换型的方法减少了换型的工作内容，简化了换型流程。更加系统的换型流程能够增加加工的安全程度。快速换型方法制定了换型标准，减少了换型使用的工具，简化了工具的使用。

任何因产品更换使得机器或生产线停止生产以从事模具更换的动作称为设置。设置时间分为：主要时间（又称外部设置时间），指机器在生产运转中进行换模的时间；机器停机时间（又称内部设置时间），在该时间内通过停止机器运转进行换模。在缩短设置时间中，首先需要书面记录现存的设置程序。尽可能地将内部设置时间转换为外部设置时间，并且通过调整、装置、定位来缩减内部设置时间。同时在设置准备和执行中导入标准化和5S方法。

在换型中通过记录初始状态发现改善换型过程的机会。首先需要对换型操作机顺序进行描述。同时测量换型各个任务所需要的时间，记录所需要的工具和物料。当发生错误时，要能够不断调整，并对错误和调整措施进行记录。

图4-11展示了缩短设置时间的一般过程。在最开始，需要对员工进行2～3小时的培训，讲解缩减设置时间的一些方法和概念，可运用游戏的方法加深对这些概念的理解。下一步需要对现状进行记录分析，包括分析改进任务、员工行走的路径里程和对现有浪费的分析。根据记录的数据结果对现状进行分析。通过分析运用0.5～1天的时间发现解决方案，并达成一致目标。在对方案进行介绍和展示后运用1～2天的时间实现方案、并对实现结果进行检查，记录尚未完成的目标，以便后续讨论。从发现解决方案到检查结果和目标之间的过程循环往复，从而不断实现改善目标。

4.3.2 快速换型步骤

快速换型有三个基本要点。

（1）区分内变换操作和外变换操作。快速换型方法要求把与设备装换调整有关的操作区分为内变换操作和外变换操作。内变换操作是指那些只能在设备停止运行后方可进行的操作；外变换操作则是指那些能够在设备运行过程中进行的操作。

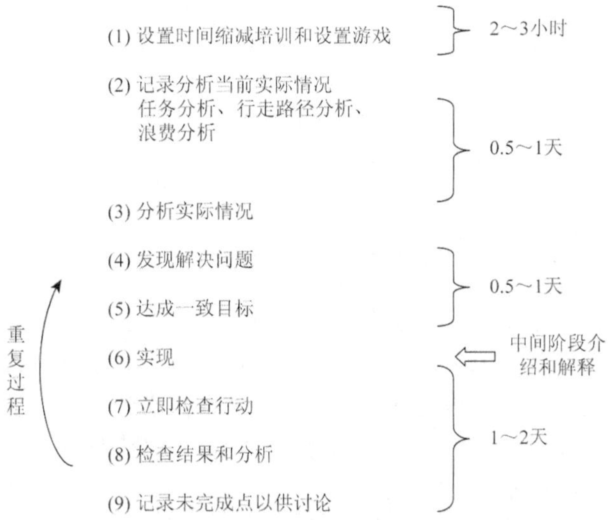

图 4-11　缩短设置时间一般过程

（2）减少内变换操作。快速换型方法要求尽可能把内变换操作转变为外变换操作，这是快速换型方法的核心。正是因为内变换操作占用停机时间，所以要缩短整个装换调整时间，最关键的是把内变换操作减少到最低限度。

（3）缩短内变换操作时间。如上所述，内变换操作占用停机时间。为此，快速换型方法要求采用必要的技术手段，尽可能缩短内变换操作时间。同时，要简化外变换操作，并一定要在设备运行过程中完成全部外变换操作。这样就可能在设备停机后的很短时间内迅速完成设备装换与调整。

4.3.3　快速换型的实现

快速换型的实现主要通过四大步骤。

（1）消除浪费。换型过程中的浪费大致有七种，包括生产过剩、库存浪费、运输浪费、等待浪费、过多操作、无用动作、次品浪费。在快速换型的过程中分析以上浪费是否存在，通过尽可能多地消除浪费、缩短换型时间。表 4-7 为生产准备观察表。

表 4-7　生产准备观察表

日期：
机器：　　　　生产准备观察表　　　　由：
观察者/操作者：　　　　变为：

序号	基本工作步骤	秒表读数			时间		分类				对时间浪费的备注
		小时	分钟	秒	分钟	秒	内部	外部	等待	走动	
1											
2											
3											
4											
5											

续表

6											
7											
8											
…											
	合计										

（2）区分内部和外部操作。在换型过程中对所有换型操作进行分类。其中，将必须要使设备停止的任务划为内部换型任务；可以在设备运转时进行的操作归为外部换型任务，如对加工材料的准备。通过对设备的改造将内部操作转化为外部操作，缩短整个时间。需要注意的是，将某些内部操作转化为外部操作，会带来更多的成本。因此，对成本效益的分析是决定转化的关键（表 4-8）。

表 4-8 快速换型搬运改善将内部切换变为外部切换

<table>
<tr><th></th><th>操作过程描述</th><th></th><th colspan="2">操作过程描述</th></tr>
<tr><td rowspan="19">内部转换时间</td><td>1. 寻找工具</td><td rowspan="6">外部转换时间</td><td>A 工人</td><td>B 工人</td></tr>
<tr><td>2. 准备及安排工具</td><td>1. 预热新模具</td><td></td></tr>
<tr><td>3. 移去热水口装置</td><td>2. 移新模至台架上</td><td></td></tr>
<tr><td>4. 等待吊车，然后操作吊车</td><td>3. 准备及安排工具</td><td></td></tr>
<tr><td>5. 上吊环，挂好吊钩</td><td>4. 准备料斗部分的工作</td><td></td></tr>
<tr><td>6. 拧下固定螺栓</td><td>5. 放低切口处的定位块</td><td>拆除螺栓</td></tr>
<tr><td>7. 打开注塑机前后挂模板</td><td rowspan="9">内部转换时间</td><td>1. 合上注塑机前后挂模板</td><td></td></tr>
<tr><td>8. 用吊车将模具移至存放区</td><td>2. 从右边拆螺栓</td><td>从左边拆螺栓</td></tr>
<tr><td>9. 取下吊钩，将之挂到新模具上</td><td>3. 打开注塑机前后挂模版</td><td></td></tr>
<tr><td>10. 吊新模具至注塑机预定位置</td><td>4. 放旧模于台架上</td><td></td></tr>
<tr><td>11. 对好新模，合上注塑机前后挂模板</td><td>5. 移新模至预定位置</td><td>升起定位块</td></tr>
<tr><td>12. 插入并拧紧螺栓</td><td>6. 合上注塑机前后挂模板</td><td></td></tr>
<tr><td>13. 取下吊钩，移去吊车</td><td>7. 从右边上螺栓</td><td>从左边上螺栓</td></tr>
<tr><td>14. 打开自动送料机</td><td>8. 设定机器参数</td><td>接热水口装置</td></tr>
<tr><td>15. 设定机器参数，机器预热</td><td>9. 开始试啤</td><td>打开料斗门</td></tr>
<tr><td>16. 打开料斗门</td><td rowspan="4">换模后清理工作</td><td>1. 打开自动送料机</td><td></td></tr>
<tr><td>17. 拿换模工具</td><td>2. 检查第一件啤件的质量</td><td></td></tr>
<tr><td>18. 开始试啤</td><td>3. 存放旧模具</td><td></td></tr>
<tr><td>19. 检查第一件啤件的质量</td><td>4. 清理工具</td><td></td></tr>
</table>

（3）同步进行内部换型。针对内部换型，调整其操作步骤，以缩短内部设置时间。对内部换型的改善需要全部员工的参与，发掘内部换型中不需要串行的操作，将其改善为并行操作。在改善时需要考虑安全因素，对于会引起安全隐患的改善应坚决摒弃。在将串行操作改为并行操作的过程中，工作量不会变化，但是设备的停机时间减少了。

（4）改善内外部换型。通过对设备的改造可以同时改善内部和外部换型，节约内部和外部换型时间。对设备的改善包括替换工装卡具，对功能进行标准化，避免重复的设备调整工作，改善仓储和运输，采用机械或其他方法进行自动换型。以上的改善需要通过一定的投资来进行。图 4-12 为快速换型步骤示意。

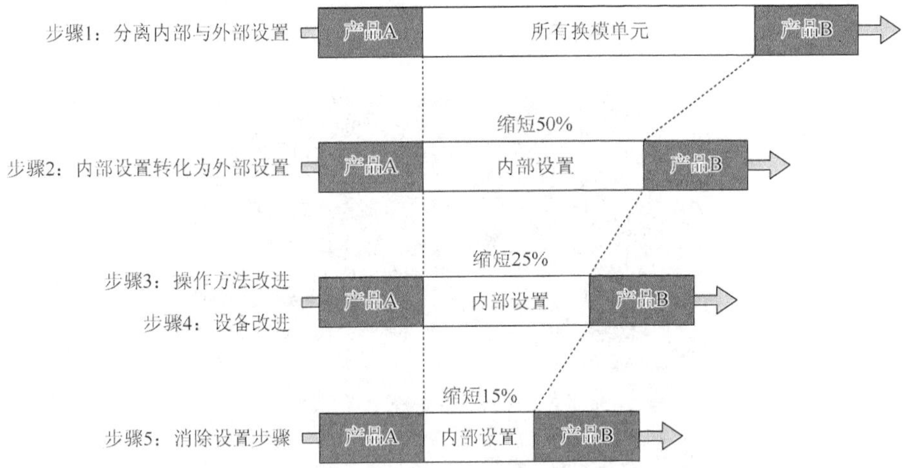

图 4-12　快速换型步骤示意图

4.3.4　快速换型技巧与法则

快速换型的最大困难是缩短内外部换型时间。在快速换型中有以下技巧及法则。

法则一：并行操作。并行操作指的是两个人以上共同从事切换动作。并行操作最容易立刻获得缩短内作业时间的效果。在并行操作中所需的人工时间或许会增多。然而，缩短换型时间获得的收益远大于人工成本的部分。在从事并行操作时，多人之间的配合动作必须熟练。同时需注意安全，防止因为疏忽造成意外伤害。

法则二：双脚勿动。换型动作主要是依赖双手的动作完成，脚必须减少移动或走动的机会。所以换型时所必须使用的道具、模具、清洁等都必须放在专用的台车上，并且要有顺序地整理好，减少寻找时间。模具或切换物品进出的动线也必须设计成很容易进出的方式，切换的动作顺序要合理化及标准化。

法则三：特殊道具。所谓工具就是一般用途的器具；道具则是为专门用途而特制的器具。切换动作要尽可能使用道具而不是工具。因为道具可提高换型效率，缩短换型时间。此外，测定器具也要道具化，用块规或格条来替代量尺或仪表的读取数值测定。同时要设法减少道具的种类，以减少寻找、取放的时间。

法则四：剔除螺丝。在换型动作时，螺丝是最常见到的用来固定模具的工具。使用螺丝当然有其必要性，但是装卸螺丝的动作通常占去了很多的切换时间。通过仔细观察，会发现很多滥用螺丝的地方。例如，本来只用四个螺丝的地方使用了六个螺丝。拧螺丝的圈数太多也会耗费时间。因此，改善的最佳对策就是尽量减少螺丝的使用。例如，可用插销、压杆、中介夹具、卡式插座、轴式凸轮锁定、定位板等方式取代使用螺丝固定。

法则五：一转即定。限于某些状况仍然必须使用螺栓和螺丝，要设法努力减少上紧及取下螺丝的时间，要做到不取下螺栓和螺丝而又能达到锁定的功能。可采用只旋转一次即可拧紧或放松的方式，如使用 C 字形开口垫圈。图 4-13、图 4-14 所示为快速锁紧装置案例。

同时可使锁紧的部位高度固定化，过高的锁紧部位需要削低至标准高度；过低的锁紧部位可加上垫块以达到标准的高度。通过对每个模具锁紧部位的高度标准化，可减少锁紧放松的旋转次数，从而减少换型时间。

图 4-13　快速锁紧装置案例 1

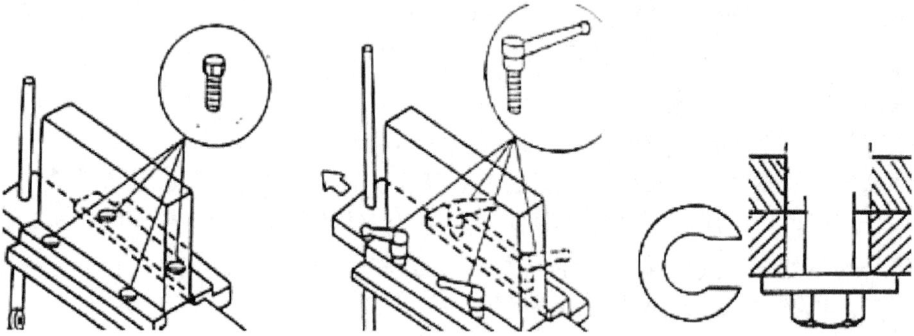

图 4-14　快速锁紧装置案例 2

法则六：标准化。换型动作是由于所需加工的产品不同而必须更换不同模具或工作条件的动作。在快速换型时，要通过设定统一的标准，尽量减少不必要的换型动作。例如，在机器上已经设定好的标准，不要因为更换模具而变动。可把内部作业的调整动作移到外部作业，并事先做好设定的动作；也可以不拆卸整个模具，保留模座，只更换模穴的母子式构造方式来消除模具的设定动作；或可采用共用夹具的方式，以双组式的方式来做切换动作，即一组正在加工同时设定另外一组备材，只需通过旋转达到切换的目的。模具的高度标准化也可以节省换型的动作。例如，必须多次使用的模具，通过设定流程样板进行标准化加工操作。图 4-15 为工具的标准化。

(a)　　(b)

图 4-15　工具的标准化

法则七：事前准备。事前准备是属于外部设置的工作。未经充分准备的外部设置会影响内部设置的顺利进行。例如，当外部设置没有准备齐全时，内部设置会找不到所需的道具，或模具错误、不良等，使操作者必须停下来找寻道具或修整模具，造成内部设置时间变长。

新乡重夫所提出的改善思想一再强调，快速换模绝不是技巧的问题，而是思维的问题；丰田汽车公司的大野耐一也曾说过，生产现场中，要充分发挥人的智慧。可见，导入的成功与否在于人的观念、态度是否改变。图 4-16 为某小公司小压机快速换模案例。

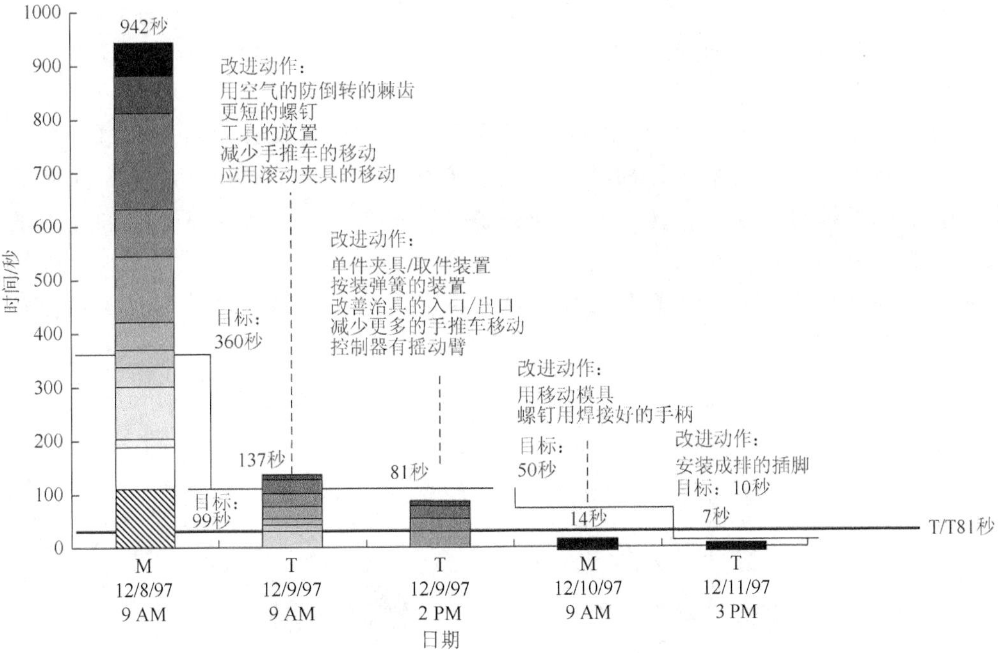

图 4-16　某小公司小压机快速换模案例

➢案例 4-4　汽车企业快速换型案例

1. 概述

随着我国经济的快速发展，全球化进程的加快，我国的汽车制造业也随之展开了与全球同行业者的激烈竞争，这种竞争是基于时间和基于客户需求的竞争。对于神龙汽车有限公司的动力总成的生产基地（襄樊工厂），经过十几年的发展和改善，逐步总结出一系列切实可行的做法，并在生产现场得到广泛应用，保证向市场提供的产品是高质量、低成本和用户满意的。

襄樊工厂的生产车间采用拉动式生产模式，对生产车间的应变能力要求较高，为了能方便、快速地调整生产品种，需要采用快速换型方法，以缩短换型时间。推行快速换型方法的意义在于，它能提高生产线应变能力、降低库存、提高设备综合利用率、降低制造成本。要达到快速换型需经过四个步骤，即观察、分离、转化、压缩，现以 TU 系列缸体生产线为例，予以说明。

2. 具体步骤

TU 系列缸体生产线为 TU3AF、TU5JPK、TU5JP4 三个品种换批生产，每次换型时间长达 505 分钟，为了保证装配需求，线边堆积大量的在制品，零件生产周期长，制造成本高。因此，应用快速换型方法，缩短换型时间。

第一步是观察。详细观察生产线上所有工序的换型步骤、内容、动作、时间，并量化记录，收集换型的全过程，最好的手段是对换型过程的录像进行逐步分析。

第二步是分离。分析换型操作内容，区分哪些操作必须在机器停止时完成，即外部时间，哪些操作可以在机器加工时完成，即内部时间，其目的是要在不停机的情况下完成所有外部操作。从分离结果看，刀具预调、工具准备应为内部时间。

第三步是转化。将外部时间转化为内部时间，以缩短停机时间。如刀具预调、准备换型用工具等都可在换型之前提前准备好。

第四步是压缩。通过作业观察和动作分析，寻找换型操作中存在的浪费，并予以消除。例如，①取消不必要的排空，换型时个别工位需要换刀，其余工位无需排空；②采取多人协同换刀，减少换刀使设备停止而造成的损失；③制作换型工具，采用功能性夹具，如图 4-17 所示，以减少安装、调整的时间；④设备系统升级提高可靠性，如编号 XF0114 设备改造后，取消排空和调整，工序的换型时间由原来的 79 分钟下降为 5 分钟。

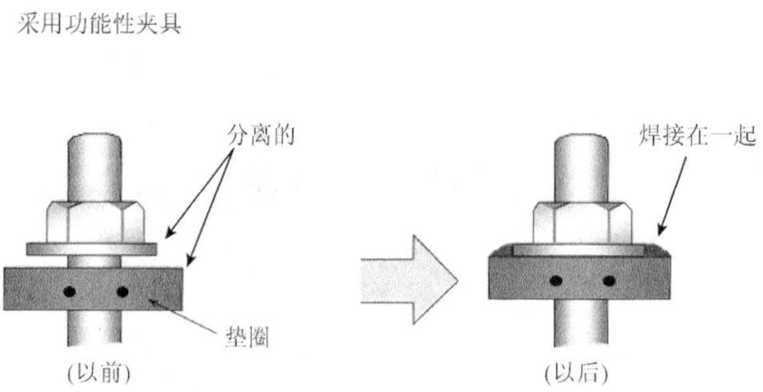

图 4-17 采用功能性夹具的案例

以上四个阶段循环运行，直至达到预期目标。通过采取快速换型方法，生产线换型时间由原来 505 分钟下降到 134 分钟，缩短 73.5%；换型批量由 2521 辆份下降为 580 辆份，下降 77.0%；在制品储存由 160 天下降到 25 天，下降幅度 84.4%。

换型经济批量是通过比较换型所需人工费用和库存占用费用得出的，人工费用与换型批量成反比，库存费用与换型批量成正比，两者的交汇点就是换型经济批量。换型经济批量的曲线图（图 4-18）和计算公式如下所示。

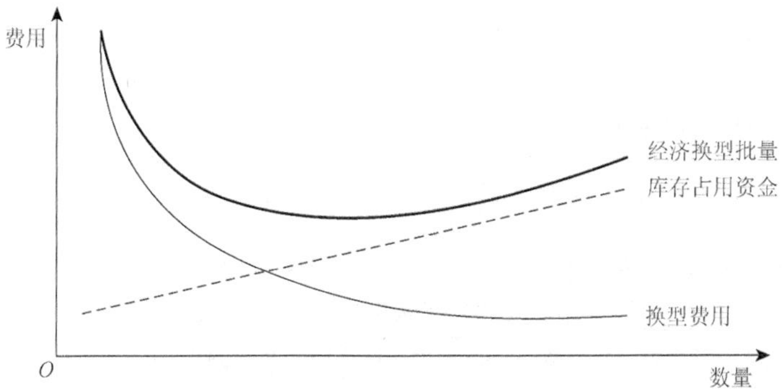

图 4-18　换型经济批量曲线图

$$换型经济批量=\sqrt{\frac{2(月产量\times 换型时间(小时)\times 小时工资)}{零件单价\times 每月资金成本率}}$$

工业工程技术在神龙公司襄樊工厂的应用，大大提高了生产线产能和劳动生产率，减少零件堆放面积和在线库存，降低了制造成本，提升了企业的竞争力。运用工业工程技术在企业内部挖潜革新，这是实现内涵扩大再生产的最好途径。以上技术方法的工作理念也适用于生产线以外的其他工作，运用统筹学原理和精益思想，提升工作质量和工作效率。

4.4　全面生产维护

4.4.1　全面生产维护定义及特点

全面生产维护（total productive maintenance，TPM）是指以提高设备综合效率为目标，以全系统的预防维修为过程，以全员参加为基础的设备保养和维护管理体系。1971 年，日本维修工程师协会对全面生产维护的定义从以下几方面进行了阐述。

（1）以达到设备综合效率最高为目标。

（2）确立以设备全生命周期为对象的全系统的预防维护。

（3）涉及设备的计划部门、使用部门、维修部门等所有部门。

（4）从领导者到第一线职工全体参加。

（5）通过小组自主活动推进预防维护。

全面生产维护具有以下特点。

（1）全效率。追求设备的经济性。全面生产维护的目标是使设备处于良好的技术状态，能够最有效地开动，消除因突发故障引起的停机损失，或者因设备运行速度降低、精度下降而产生的废品，从而获得最高的设备输出，同时使设备支出的寿命周期费用最节省。把设备当作经济运营的单元实体进行管理，用较少的费用（输入）获得较大的效果（产出），达到费用与效果比值的优化。

（2）系统化。包括设备设计制造阶段的维护预防、设备投入使用后的预防维护、改善维护，也就是对设备的全寿命周期进行全过程管理。

（3）全员参加。设备管理不仅涉及设备管理和维护部门，也涉及计划、使用等所有部门。设备管理不仅与维护人员有关，而是从企业领导到一线职工全体都要参加，尤其是操作者的自主维护更为重要。

4.4.2 全面生产维护发展过程

1970 年，日本前设备管理协会（中岛清一等）基于美国生产维修体制，在日本的 Nippondenso 电器公司试点的基础上正式提出了全面生产维护的概念。

在第二次世界大战结束后到 20 世纪 70 年代的这段时间里，日本在设备维护上基本是学习美国的设备管理经验。随着日本经济的增长，在设备管理上一方面继续学习其他国家的经验，另一方面又进行了适合日本国情的创新，产生了全面生产维护体制。这一体制既有对美国生产维护体制的继承，又有英国综合工程学的思想，同时吸收了中国鞍钢宪法中工人参加、群众路线、合理化建议及劳动竞赛的做法。日本企业身体力行地把全面生产维护体制贯彻到底，并产生了突出的效果。

4.4.3 全面生产维护基本思路

全面生产维护的基本思路在于通过改善人和设备的素质来改善企业的素质，从而最大限度地提高设备的综合效率，实现企业的最佳经济效益。提高设备效率是指从时间和质量两个方面掌握设备的状态，从而增加能够创造价值的时间和提高产品的质量。提高设备效率主要有两种途径：从时间方面，通过增加设备的开动时间提高设备效率；从质量方面，通过增加单位时间内的产量以及减少废品增加合格品的数量。

提高设备效率的最终目的是充分发挥和保持设备的固有能力，也就是维持人和机器的最佳状态——极限状态，即达到最大限度的状态。追求设备的“零缺陷、零故障、零事故”和“使废次品为零”目标，及时发现和消除设备事故隐患，充分发挥设备效能，使设备资源实现最佳经济效益。

综合效率（overall equipment effectiveness，OEE）定义为时间开动率、性能开动率与合格品率三者的乘积。即设备综合效率 = 时间开动率×性能开动率×合格品率。

六大类损失会影响设备综合效率。该公式中每个变量都存在两种损失。对于时间开动率，可能的损失包括机器故障以及作业调试和调节损失。对于性能开动率，可能会产生低速损失，即设备的设计速度和实际运行速度之差造成的损失；同时会产生运行损失，是指由短时间的微小故障造成的设备停机或空转带来的损失。在对合格品率的影响中，调试损失是指产品从开始生产到稳定生产这一段时间所发生的损失；加工过程中产生的缺陷或废次品及其返修，会造成设备的运转损失。六大类损失及其对工作时间的影响如图 4-19 所示。

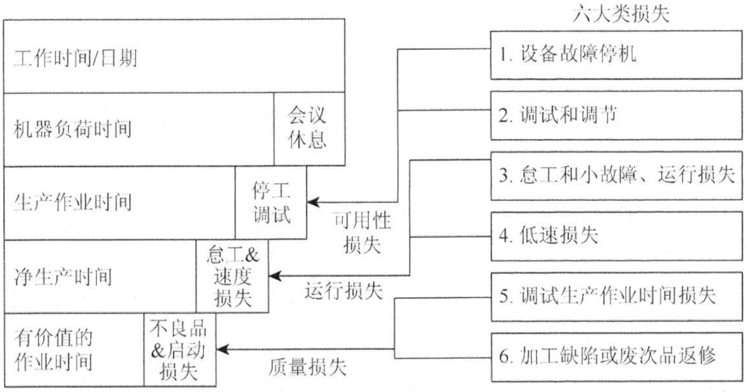

图 4-19　六大类损失及其对工作时间的影响

4.4.4　全面生产维护主要做法

日本学者中岛清一把操作者的自主维护（小组活动）看作全面生产维护最大的特点。全面生产维护从上到下向全体人员灌输设备自主管理的思想，使每个操作人员掌握能够自主维护的技能，并且采取开展小组活动这种组织形式。具体内容为根据上级的小组活动方针制定小组的工作目标。同时开展 5S 活动，填写检验记录，根据所得数据分析设备的实际技术状况。减少六大类损失，提出改进对策，提高设备生产效率。通过组织教育培训提高员工技能。并且及时检查员工目标完成情况，进行定期评价。

开展点检是全面生产维护自主维修中的另一项重要内容。点检指的是按照一定的标准，对设备的规定部位进行检测，从而尽早发现设备的异常状态和劣化。点检一般分为日常点检和定期点检。日常点检多以日和星期作为点检周期，以一个月为时间段，主要由操作人员负责，以感官判断为主，通过点检卡片进行操作。在定期点检中，检查周期一般为一周或一个月以上。定期点检主要由专业人员或维修人员负责，依据感官和专业仪器检查，并由专业人员编制定期点检卡。

预防设备故障是提高综合设备效率的重要一环。设备故障的类型很多，既有规律性故障，也有无规律的突发故障。全面生产维护十分重视对设备进行改善，改进设计和改造设备的零部件，从而提高设备性能，提高设备的综合效率。

➢案例 4-5　全面生产维护的推进步骤及其内容

三星集团公司（以下简称公司）为了企业的持续发展，主要进行两个方面的工作。一是通过基础教育，使从事企业活动的所有员工必须掌握全面生产维护的基本原理。二是结合公司的实际情况，应用这些基本原理与方法，建立适合自己的全面生产维护管理模式。下面结合公司的实际案例，介绍全面生产维护的推进步骤。公司推进全面生产维护的总体步骤是：成立推行机构→全员培训→全面推行→持续改善。

1. 成立全面生产维护推行机构

公司成立了专门的全面生产维护推行机构，即经营革新科，由 8～10 人组成。他们负责编制全面生产维护的理论教材、全面生产维护推行文件、全面生产维护管理程序、全面生产维护技术规范以及各种各样的记录表格等材料，组织进行教育和培训，推进新的管理模式等。例如，不合理发现及改善清单、必要品清单、问题分析表、因果特性图、整理、整顿、清扫一览表等都是公司在全面生产维护活动中的典型的记录表格。

2. 全员培训

公司非常注重对员工的培训。他们在培训过程中，对不同层次的人员进行不同的教育。例如，中高层管理层的培训内容为全面生产维护管理意识和运作流程；设备管理人员的培训内容为设备管理、保养及维修等管理技能；设备操作人员的培训内容为操作方法、排障等具体现场处理方法。全体员工必须参加全面生产维护等各种培训，经考试合格后才可以上岗参加工作。此外，在厂区里随处可以见到写有全面生产维护知识的宣传栏，使员工加深对全面生产维护的学习和理解。

3. 全面推行全面生产维护

公司在推进全面生产维护活动时，创造了很多行之有效的全面生产维护推进方法。如进行整理活动时采用了定点摄影的方法，即使用同一相机，对于改善前后的工作场所或设备状态在同一位置向同一方向摄影，以便明显看出改善前与改善后的状态变化。还有详细制定整理对象和处理判定基准、活动板的设置、10 分钟教育、定期的全面生产维护讨论会、宣传、检查等。

还有，在工具仓库中，以不同颜色清楚地表示工具的摆放位置，而且在工具摆放处画有与工具形状完全一样的图，当工具被拿走时，一眼便可以看出此处摆放过的工具种类（图 4-20）。

图 4-20　工具摆放位置示例

4. 周期地进行评价、持续改善

全面生产维护活动的实施从开始到完善，必然要经过一段长期的持续改善的过程。而在这一过程中，因为某些原因，如管理程序及规范本身不完善、缺乏操作性、应付式地执行、传统不容易打破等，会出现各种各样的问题。因而，要使全面生产维护活动得以彻底的执行并产生良好的效果，就必须不断地组织检查、评价，并持续改善。公司的做法是对每一项工作指定全面生产维护负责人员，编制具体的表格，要求负责人详细记录其负责工作的内容、问题性质和解决过程、最后结果等情况，以备今后评价和改善，并认真监督和持续改善。

➢案例 4-6　某企业全面生产维护实施案例

1. 案例背景

湖北中航精机科技股份有限公司是一家以生产汽车座椅调节机构和精冲件为主营业务的公司，由于该公司主要产品属于精密调节机构，所以对生产设备和工装的要求很高。近年来，随着中国汽车市场的不断扩大，该公司在汽车座椅调节领域也取得了较大的发展，年产量达到了调角器 200 万辆份，滑道 80 万辆份，占整个中国市场的 30%左右，公司产量的迅速增长也给该公司的工装管理带来了严峻的挑战。

该公司生产所用的工装，包括三多和三高。三多为工装种类多、工装总量多、工装存放地点多。三高为工装精度高、工装技术含量高、工装价值高。

为了管理好这些工装，公司制定了一系列规章制度，但具体实施的效果却并不好，严重地影响了公司的正常生产。经过搜集，实施中主要存在着一些问题：工装的维护、维修体制仍然采用的是事后维修，体制比较落后；工装的管理与维护仅依靠专业人员完成，没有把工装管理过程中最重要的主体——员工包括进来，导致整个管理维护工作存在漏洞；对于工装的维护和管理过程没有形成闭环，缺少监督、评价环节，缺少反馈、激励机制。

2. 中航精机工装全面生产维护实施方案

为了解决目前的问题，公司决定将全面生产维护的方法引入工装管理中。首先梳理了以往在工装管理中出现的各种问题，重点对全面生产维护以上三个问题进行深入分析之后有针对性地提出了“以自主保全为基础，以专业维护为重点，全员参与工装管理”的全新的工装管理理念，建立了适用于中航精机工装管理的全面生产维护体系，如图 4-21 所示。

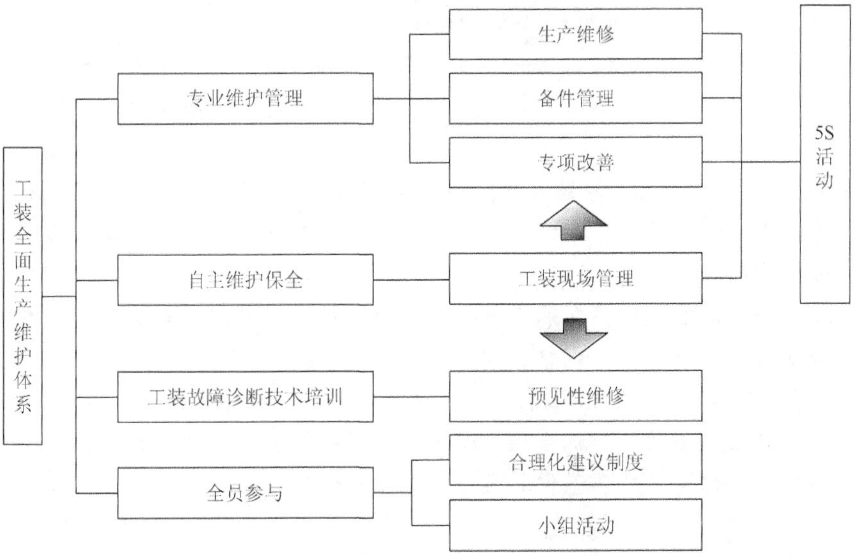

图 4-21　中航精机工装全面生产维护体系

3. 全面推进工装全面生产维护管理实践

1）工装全面生产维护活动的推进步骤

借鉴设备全面生产维护的开展经验，中航精机将工装全面生产维护的推进分为4个阶段12个步骤。

（1）准备阶段：宣布导入工装全面生产维护活动，包括会议及其他场合宣布；全面生产维护宣传与培训，对干部员工进行培训；成立全面生产维护推进组织，成立公司活动推进组织，选定活动负责人；活动方针与目标设定，活动效果与目标的预测；制作工装全面生产维护推进计划，制订从活动开始到活动自主推进的行动计划。

（2）开始导入：正式启动工装全面生产维护活动。

（3）实施阶段：现场彻底的5S活动，全员都要参与活动，为后续活动打基础；开展工装专业保全活动，提高专业维护水平；开展工装自主保全活动，提高自主保全水平；开展工装全面生产维护小组活动，营造改善气氛，促进全员参与。

（4）总结提高阶段：活动成果总结；自主管理体制的建立，持续自主推进改善活动。

2）全员培训，培养员工的工装自主保全意识

为了树立员工的自我保全意识，公司重新制定和完善了各种工装管理制度，并对员工进行了相关培训，让员工认同开展工装全面生产维护活动的必要性和好处。通过培养操作者养成日常点检和预防保全的习惯，构筑“自己使用的工装自己维护”的自主管理体制。自主保全会使现场操作工、工装维修工、工装管理部门形成三赢的局面。如果通过平时的保养维护能够使工装少发生故障或者出了一些小的故障之后操作工能够自己动手解决，那么解决问题的时间就会缩短，对维修工和工装管理部门的影响就会减少，工作效率就会提升。通过员工的自我保全，专业维护的工作量会明显下降，使那些确实需要专业支持的地方得到及时、满意的服务。这对于企业意味着工作效率的提升、维护成本的下降以及企业管理水平的提升。

3）建立工装全面生产维护专业保全体系

结合中航精机的实际情况，该公司工装全面生产维护的专业保全从以下几个方面展开。

（1）收集数据：通过收集与设备相关的各种数据，全面了解工装使用的状况及其存在的问题。

（2）制订专业保全计划：根据全面了解设备的各项指标数据，制订初步的专业保全计划。

（3）落实专业保全计划：根据设定的保全计划，开展改善对策活动，落实保全计划对工装故障提出的改善对策。

（4）改善保全基准：根据在落实保全计划中发现的问题以及相关数据的再收集，反过来再对保全计划进行修正、调整。

（5）改善工装缺陷：对于工装自身的设计缺陷，成立专家小组进行讨论，力争改善。

（6）建立工装综合效率指标体系：通过建立设备综合效率指标体系，及时了解设备不良问题指标的变化情况及其量化的数值，以便更明显地表达与目标值的差距，采取相应的对策。

4）建立工装全面生产维护自主维护体系

自主维护体系是指建立以一线操作人员为主的维护体系。对生产现场操作人员进

行清扫、点检、紧固等维修技能训练，使其能对小故障进行修理。中航精机的工装自主维修体系通过以下三方面开展：①工装的初期清扫；②制作工装点检表；③形成自主管理体制。

5）开展工装全面生产维护小组活动

全面生产维护的一大特点，就是重复地开展小组活动。小组活动就是为了消除故障、调整、等待、速度、不良、启动这6种损失而进行的依据8大支柱的全员参加的小团队活动。小组活动的课题在选择时要重点选择具有共性或代表性的问题。通过全面的调查分析，凝聚众人的智慧解决问题。

中航精机在推进工装全面生产维护的活动中也引入了这种方法。以班组为单位成立工装全面生产维护活动小组，鼓励小组成员发现作业过程中工装出现的问题，定期召开小组会议进行讨论、分析。对于遇到的难点问题，由工厂指派专业人员加入小组一起进行解决；对于具有共性或者代表性的问题，解决后在全公司范围内进行推广，以取得良好的活动效果。

6）建立有效的工装全面生产维护评价与激励体系

只有建立公开透明的评价体系，对活动中的改善课题，优秀班组进行正面激励，才能更好地推动这一活动的全面开展。

为了达到激励、示范的效果，公司建立了全面的评价与激励体系。每周对各小组工装全面生产维护活动的开展情况进行检查，并进行工厂范围内通报，对于优秀的班组和课题进行奖励，对于未按要求推进的班组进行惩罚，达到了良好的激励效果。

4. 工装全面生产维护实施效果

通过深入推行工装全面生产维护工作，公司的工装维护与管理水平有了显著提高。经统计，推行工装全面生产维护之后，该公司的工装完好率从不足80%上升到98%以上，工装使用周期普遍延长了15%左右，公司的整体生产效率提高了12%，达到了良好的活动推行效果。

4.5 5S管理

4.5.1 5S管理的定义与效用

5S是指一种工作现场的规划管理方法，包括整理（seiri）、整顿（seiton）、清扫（seiso）、清洁（seiketsu）、素养（shitsuke）五个项目。因在日语中罗马拼音皆以S开头，故称为5S管理。现今的研究还考虑安全（safety）的因素，将5S管理拓展到6S管理。5S管理起源于日本，通过规范现场管理营造良好的现场氛围和工作环境，培养员工良好的工作习惯，最终提升人的品质。在5S管理中，各要素相互关联，如图4-22所示。5S管理的内涵体现在以下方面：①培养认真的工作态度，注重工作中的细节；②严格遵守现场管理规定；③自觉维护工作环境，使工作环境有序整洁；④文明礼貌。

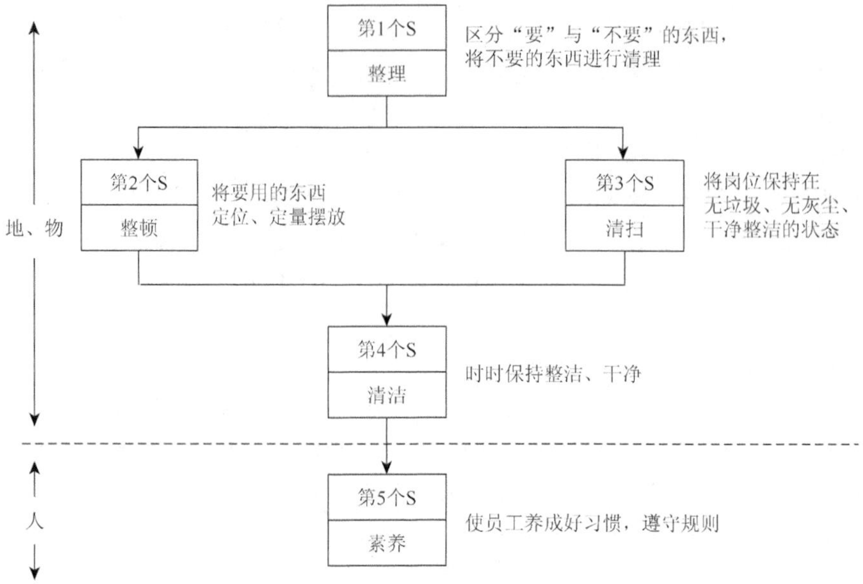

图 4-22 5S 关联图

5S 管理不仅能改善生产环境，还能够提高生产效率、产品质量、员工士气。是其他管理活动有效展开的基石之一。

在一些工厂中，普遍存在现场混乱、卫生状况差的情况。常见物料随意摆放和加工现场充满油污，不利于设备的保养，影响了生产效率。同时，员工在现场缺乏严格约束，缺乏工作积极性。5S 管理方法可以系统地改善这些现象，提高生产效率，提升员工品质。

5S 管理是现场管理的基础，是全面生产维护的前提，是质量管理的第一步，也是质量体系标准有效推行的保证。5S 管理能使员工积极参与现场管理，严格遵守标准。在企业推行全面生产维护、质量管理、质量体系标准活动时易于得到员工的支持和配合。全面生产维护、质量管理、质量体系标准活动的推行效果具有隐蔽性和长期性。5S 管理可以产生立竿见影的效果，增强员工推行上述三种活动的信心。

4.5.2 5S 管理的目的与实施要领

1. 整理

整理是指区分需要与不需要的物品，使现场只保留必需的物品。具体做法为对生产现场的实际摆放和停滞的物品进行分类。清除现场不需要的物品，如废料、多余半成品、切屑垃圾、工人个人生活物品等。

1）整理的目的

（1）改善和增加作业面积，使现场无杂物，从而提高工作效率。

（2）减少磕碰机会，保障生产安全，提高产品质量。

（3）消除管理上的混放、混料等差错事故，有效防止误用、误送。

（4）减少库存量，节约资金。

（5）改变作风，使员工心情舒畅，提高工作热情。

2）整理的实施步骤

（1）按照定置区域对生产现场进行全面检查。范围通常包括办公区、生产区、生活区等。检查范围要全面，不留任何死角。

（2）对生产现场的物品进行分类。生产现场物品可根据实际情况进行分类。

（3）将分好的物品进行归类，尽可能将同种类型的物品放在同一个地方。有使用期限的物品各个期限应分开放置。

（4）检查工作场所后，确定什么是需要的、什么是不需要的。同时需关注各种物品的使用频率。

（5）当清理出不需要的物品时，需制定相应的处理程序。

（6）现场中，各种物品使用频率可能相差较大。在处理时需制定不同物品的处理标准。

（7）根据标准清除不需要的物品。

（8）每日自我检查，各班组通过每日对照整理表，及时处理当天的问题，使整理的效果长久地保持下去。

2. 整顿

整顿是指将必需物品放于任何人都能够立即取到的位置。对必需物品的巧妙布局能够缩短员工寻找和拿取物料的时间，从而提高工作速度。整顿的目的在于不浪费时间寻找物品，提高工作效率和产品质量，保障生命安全。整顿的意义在于把需要的人、事、物加以定量和定位。通过前一步整理后，对生产现场需要留下的物品进行科学合理的布置和摆放，以最快的速度取得所需之物，在最有效的规章、制度和最简洁的流程下完成作业。

1）整顿的三要素

（1）放置场所：所有物品的放置场所原则上要 100%设定，即物品的保管要定点、定容、定量，生产线附近只能放真正需要的物品。

（2）放置方法：所有物品要容易取放，即不超出所规定的范围，在放置方法上多进行研究并标准化。

（3）标识方法：放置场所和物品原则上要有一一对应的标识，即物品的标识和放置场所的标识要完全对应，标识方法要标准化。

2）整顿的三原则

（1）定点。又称定位，是根据物品的使用频率和使用便利性，决定物品所应放置的场所。一般使用频率越低的物品应该放置在距工作场所越远的地方。通过对物品的定点，能够维持现场的整齐，提高工作效率。

（2）定容。定容是为了解决使用容器的问题。在现场中，通过采用合适的容器，并加上相应的标识，使现场有条不紊，有助于培养管理者的科学管理意识。

（3）定量。确定保留在工作场所或其附近的物品数量。物品数量的确定应以不影响工作为前提，数量越少越好。通过定量控制，使生产有序，降低浪费。

3）整顿的四个步骤

（1）分析现场物品的日常存量。现场物品可分为固定物品、易耗品、根据生产单领用的物品（如标准件和原材料等）。需要确定日常存量的是易耗品，其余两种物品的存放量是相对固定的，根据生产单领用的物品的正常存量需要进一步确认，以便测算所需的存放空间。

（2）明确放置场所。在一般企业中，生活区域和办公区域难以规范和统一。因此，需要根据实际情况对生产区、办公区、生活区加以规划，以达到整顿的目的。

（3）明确放置方法。需要注意物品的用途、功能、形态、大小、重量、使用频率等因素。放置方法有置于盒子中、架子上、悬挂等。尽可能利用立体空间，通过架子等的使用提高空间利用率。同类物品集中放置，标准件需要按照规格从小到大依次放置。同一工具柜中不同物品需分开定位。

（4）明确标识。即班组物品的标识。个人衣物柜、衣帽柜、饮水工具放置装置以阿拉伯数字为标识，班组内每位成员对应一个数字，以确定每人在个人衣物柜、衣帽柜、饮水工具的位置。工具柜的标识为工具柜内物品的类别名称，工具柜内物品需要有相对应的物品名称标识，标准件还需注明规格。

3. 清扫

清扫即清除现场内的脏污，清除作业区域的物料垃圾。清扫的目的在于除去脏污，保持现场干净明亮。清扫要彻底、无废物、无污迹、无灰尘、无死角。清扫中要使用自己的物品，不要依赖别人，不要增加专门的清扫工。对设备的清扫要同设备的点检、维护、保养相结合。清扫也是为了改善，在清扫中发现泄漏和污染时要及时查明原因，及时解决。

清扫的实施步骤有以下几方面。

（1）实施区域责任制。对清扫进行区域划分，实行区域责任制，避免存在无人负责的死角。

（2）彻底清扫。从工作场所扫除一切垃圾灰尘，班组一线人员要全员参与，亲自动手。在清扫中不留死角，对现场设备也要进行全面清扫。

（3）调查污染源并采取相应措施。推行 5S 管理需要彻查污染源，明确污染物来源、责任人、处理方法等。

（4）制定相关的清扫要求。从地面、墙面、衣柜、饮水机、工具柜、设备、垃圾处理等方面制定详细的清扫要求，并要督促执行。

4. 清洁

清洁排在整理、整顿、清扫等管理工作之后，通过认真维护已取得的成果，使其保持完美和最佳状态，并将整理、整顿、清扫进行到底，使之制度化和标准化。清洁是为了通过制度化、标准化维持前面 3S 的成果，培养良好的工作习惯；增加客户的信心，创造明朗、整洁的工作现场；形成卓越的企业文化，提升企业形象。

在清洁的实施中，要做到营造卫生整洁的车间环境，保证工人健康，提高工人劳动热情。同时要保持工人本身清洁，如着装得体、仪表整洁等。工人待人接物同样要讲礼貌、尊重别人。在清洁中要使环境不受污染，进一步消除浑浊空气、粉尘、噪声和污染源，消灭职业病。

清洁通过以下步骤实现。

（1）制定相关检查办法，对整理、整顿、清扫的执行情况进行检查。

（2）制定奖惩制度，采取奖“进”罚“退”的手段保证整理、整顿、清扫的健康发展。

（3）采取多种措施加强改善效果，例如，在检查过程中找到问题点并悬挂红牌，从而引起责任单位注意并促其改善。利用定点摄影的方法在现场发现问题，对问题进行备案。改善完成后在同一地点进行摄影，用于跟进和解决问题。定点问题适用于比较突出典型的问题，不需经常使用。在日常清扫之外，还可安排定期清扫，使生产现场的清洁程度保持最佳。清扫频率可定为每月一次，在清扫中定期检查机器设备，以便及时发现问题并整修。

（4）运用可视化管理形象直观地组织现场生产活动，提高劳动生产率，如采用标识和看板。

5. *素养*

素养是指人人按照规定操作、依规行事，养成良好习惯。素养的目的在于提升人的品质，培养对任何工作都讲究认真的人，并创造一个充满良好风气的工作场所。

在实施素养时，需首先严格要求自己，持久推进 4S，养成良好的习惯。制定服装、臂章、工作帽等识别标准。通过制定公司相关规则、规定，推动各种激励活动，确保员工遵守规章制度。对员工进行教育训练，并推动各种精神提升活动。服装仪容整洁，言行举止文明，形成良好的职业素养。

素养的实施步骤包括以下几方面。

（1）制定相关规定，如工作场垃圾处理管理办法、物品柜管理规定、工作帽识别标准等。

（2）制定生产现场员工行为规范。

（3）规范晨会制。

（4）对员工进行教育训练。

（5）推动员工精神提升活动。

4.5.3　5S 管理的开展原则

5S 管理的推行服从以下几大原则。

（1）目的原则。推行生产现场的 5S 管理要以提升企业形象、提高工作效率、提高品质、降低成本、预防产品延迟、保障安全为目的。

（2）效能原则。各单位在推行现场 5S 管理时要减少浪费，降低成本，增加利润，维护现场整洁，提高工作士气，提升工作效率。

（3）实际原则。5S 管理的推行要从实际出发，管理办法具有可行性和有效性。

（4）坚持原则。5S 管理贵在坚持。要持续贯彻，连续保持，形成持续的现场管理改进机制。

（5）行动原则。5S 管理的重点是用行动去落实，包括：①三清即清理、清扫、清爽；

②三定即定点、定容、定量；③三扫即扫漏、扫黑、扫怪；④三守即守时间、守标准、守规定。

（6）自我管理原则。良好的工作环境需要依靠现场人员自己动手创造整齐、清洁方便、安全的工作环境，养成现代化大生产遵章守纪、严格要求的风气和习惯。

4.5.4 5S 管理的实施方法

5S 活动是一个现场管理的有序过程，通过对人（man）、机（machine）、料（material）、法（method）、环（environment）的有效控制实现产品质量稳定和服务质量保障的最佳状态。为了有效地推行 5S 管理，企业开展 5S 活动应通过以下方法来实现。

（1）导入期。在 5S 管理理念的导入阶段，对 5S 管理方法的必要性和需求情况进行分析、策划、宣传。有目的地委派专门人才，形成骨干队伍。同时，为了 5S 工作有效和持久地开展，需要通过教育帮助员工认识 5S 的重要性和执行的必要性，形成良好的素养习惯。企业高层需要身体力行，亲自动手，树立榜样。

（2）启动期。领导动员并亲自参与 5S 活动是推行 5S 管理的良好起点，也是 5S 工作取得成效的关键和保证。企业领导对 5S 工作的重视程度表现为一把手的以身作则和亲自参与。在启动时需成立由主要领导任负责人的 5S 推进委员会，明确职责和分工，正式拟定 5S 管理的方针和目标，按计划进度要求进行定期检查和考核。

（3）实施期。5S 活动是持久性的日常工作，需要由制度保证。在实施期的开始，需要进行“作业分解”和“最佳方法寻求”，对主要工作步骤和关键要点进行总结，对工作程度进行工艺验证和确认。并以此为依据制定出文件化的作业指导书。在实施开始前召开专题会议进行技术交底和操作说明，并在必要时进行岗前培训。

从全企业的 3S（整理、整顿、打扫）运动做起，将物品和工作进行分类和整理，决定物品的放置场所和保管方法，确定管理基准，并以此对物品进行有效管理控制。对有关地面区域、通道进行布局和划线，明确各自的功能，并对分类的物品进行规范的标识。

（4）成熟发展期。5S 活动的成功在于自觉和正确地执行 5S 管理相关规定，养成良好的工作习惯。全体员工要求按高标准，严格维护现场的环境整洁和美观。熟悉掌握和合理应用标语、标识、图表、照片、录像、看板等工具。在 5S 活动中自觉、持续、有序地进行整理、整顿、清扫，以保证清洁和干净的状态。

（5）5S 的后续追求。素养（自律）既是 5S 的核心内容，也是 5S 后持续改进的起点。5S 活动的深入包括了一系列持续改进活动，如顾客满意、服务意识、保持微笑、培养悟性、力求简化、注意仪表、保障安全。

4.5.5 5S 管理的作用

（1）提升企业形象。整洁的工作环境和生产现场代表了企业先进有效的管理模式，在客户面前营造正面积极的企业形象，有利于建立良好的客户关系和社会形象。

（2）塑造员工的团队精神。5S 管理始于素养、终于素养。5S 活动不只是追求直观的效果，还致力于将管理规章转化为人的良好行为准则，养成员工的良好习惯。5S 管理目标的实现依赖于各部门的分工协作，易于培养员工的团队精神。5S 管理的最终目的在于推行“素养第一”，强调对员工的道德行为规范、仪表仪容、工作态度、时间观念的培养。

（3）减少浪费、降低成本。开展 5S 管理的明显效果在于减少浪费，进而降低成本。减少浪费包括减少物资的浪费，即通过整理活动，区分工作场所有用和无用的物品，进而通过整齐摆放材料减少工作中的错料、混料，提高投料的一次合格率，降低物资损耗浪费。同时，通过合理安排设备和物品的摆放布局，提高场所的空间利用率，减少场所的浪费。对物品进行定置管理可以减少人们寻找物品或资料的时间；通过合理的空间布局减少人们的走动时间；良好的素养减少了出错的概率，从而减少了时间上的浪费。

（4）提高产品质量、生产优质产品。ISO 9000 质量体系的建立在于提高管理水平和管理质量，是一切管理体系导入的基础。清洁有序的生产现场和员工较高的素养是管理体系实施的前提，能使产品质量更加稳定可靠。经过 5S 管理的设备仪器故障少、精度好、使用寿命长，为生产高质量的产品提供物质保障。

（5）提高工作效率、保障安全生产。一个贯彻 5S 管理的企业通常具有良好的工作环境和工作气氛，有一群有素养的员工，从而在规定时间内能够完成更多的工作任务。企业在实行 5S 管理后，在各方面的工作井井有条，使安全生产得到了保障。

➢案例 4-7　5S 标准格式

5S 标准格式示例见表 4-9～表 4-30 及图 4-23。

表 4-9　红牌作战追踪记录表

部门：　　　　　　　　　　　　责任人：　　　　　　　　　　　　区域：

编号	存在问题描述	处理方案	红牌日期	承诺完成日期	实际完成日期

表 4-10　人员去向显示板

姓名	去向	离开时间	联络电话	预定返回时间	备注

注：①离开岗位人员填写；
②返回后擦掉。

表 4-11 物品清单

车间_______班组工具箱

责任人		确认时间			
箱内工具一览表					
序号	名称	规格型号	数量	状态	备注
注意事项：					

表 4-12 外出必备物品查核表

序号	项目	确认	备注
1	公司简介		视客户规模准备 1～2 套
2	项目说明资料		视客户规模准备若干套
3	客户地址、电话等联系资料		
4	合同样本		
5	公司信封、信纸		
6	胶水、切纸刀		
7	样口		必要时
8	……		
		每确认一项，在此栏中打 √	

表 4-13 清扫值日表

5S 区	责任人	值日检查内容
计算机区	×××	机器设备是否保持干净，无灰尘
检查区	×××	作业场所、作业台是否杂乱，垃圾桶是否清理
计测器区	×××	计测器摆放是否整齐，柜面是否保持干净，柜内有无杂物
休息区	×××	地面无杂物，休息凳摆放是否整齐
夹具区	×××	夹具摆放是否整齐，夹具是否保持干净
不良品区	×××	地面无杂物，除不良品外无其他零件和杂物存放
零件规格放置区	×××	柜内零件规格摆放整齐，标识明确
文件柜及其他	×××	文件柜内是否保持干净，柜内物品是否摆放整齐
备注：①此表的 5S 区由担当者每天进行维护； ②下班前 15 分钟开始； ③其他包括清洁器具放置、柜、门窗、玻璃。		

表 4-14　5S 培训计划

序号	内容	项目	目标值	对象	4 月	5 月	6 月
1	5S 知识培训	1、5S 的起源和适用范围	考试合格 80%以上	全员	培训→	现场操作→	考核→
		2、5S 定义					
		3、5S 的作用					
2	5S 活动步骤	1、成立推进小组	100%理解并能实施	管理人员	→		
		2、推进成员集中学习			→		
		3、设定 5S 改进岗位			→		
		4、推进成员进行现场诊断			→		→
		5、推进小组开展改进活动				→	
		6、员工自身开展改进活动				→	
		7、确认活动				→	

表 4-15　5S 责任标签

5S 责任区			
编号	区域间	责任部门	责任人
C022	车间管理看板	生产组	×××

表 4-16　班组 5S 评比宣传栏样式

××××年______月份××车间 5S 工作评比							
班级	1	2	3	……	30	31	备注
1 班	◎	○	◎		▲	◎	
2 班	▲	◎	○		○	◎	
3 班	※	○	○		○	◎	
4 班	○	▲	※		▲	▲	
5 班	◎	▲	○		○	◎	
说明	◎：代表良好（绿色）○：代表中等（蓝色） ▲：代表及格（黄色）※：代表较差（红色）						

表 4-17　各部门（班组）问题点改善表

	发动机厂	冲压	焊装	涂装	总装	底盘	……
上周问题点（个数）							
整改个数							
整改率（%）							
考核评分							
本周问题点（个数）							

表 4-18　心情管理板

姓名				备注
×××				
×××				
×××				
×××				
……				
注：心情可分高兴（红色）、平常（蓝色）、不高兴（黄色）三种，用磁扣表示；必须在班会前做好。				

表 4-19　库存物品揭示板

品名	
产地	
入库时间	
库存数量	
安全库存	
最大库存	

表 4-20　人员配置管理板

×月×日（周）×××组人员配置管理板				
设备名	人数	今日计划数	历史最高人均产量	备注
1#机（）				
2#机（）				

表 4-21　新员工介绍板

姓名	部门	照片	籍贯	毕业学校	专业	兴趣	人生格言	留言

表 4-22　刀具交换管理板

刀具交换管理板 （线名__________　设备名_________）　　责任人：				
工具名	规格	下次预定交换时间	前次交换时间	备注

表 4-23　设备管理板

设备名称		规格		操作者	
购买日期		厂家		电话	
保全类型		保全周期		保管员	
最近故障时间及内容					
备注					

表 4-24　发货状态管理板

序号	日期	交货客户
		A　B　C　D
		B

注：①每周依交货计划排入。

②将每个客户给予代号，制成牌子。

③已交货的将牌子翻转（正反面颜色不同），即可一目了然。

表 4-25　工序生产作业记录

工序名称					作业者姓名					
时刻	8		9		10		11		12	
产量	计	实	计	实	计	实	计	实	计	实
时刻	1		2		3		4		4：30	
产量	计	实	计	实	计	实	计	实	计	实
时刻	8		9		10		11		12	
产量	计	实	计	实	计	实	计	实	计	实
时刻	1		2		3		4		4：30	
产量	计	实	计	实	计	实	计	实	计	实
备注					班长			日期		

表 4-26　机械加工生产管理板

生产管理板				机台号		日期
时刻	预定	实际	作业者	作业内容		主管确认

表 4-27　合理化建议书

提案人		部门		工号		编号	
建议类别	成本□　效率□　品质□　5S□　安全□　其他□						
改善建议内容	问题点及原因分析 问题点： 原因分析：			改善对策			
				提出部门确认		实施部门确认	
	改善对策						
	改善前			改善后			
	可借鉴水平展开处：						

评价		得分（分）										级别	评语	承认
		①	②	③	④	⑤	⑥	⑦	⑧	⑨	⑩			
	实施部门													
	改善推进													
	科长			部长				总经理						

表 4-28　5S 日常确认表

<table>
<tr><td colspan="4">部门（车间）</td><td colspan="5"></td><td colspan="5">班组</td><td colspan="5"></td><td colspan="5">5S 区域 NO</td><td colspan="4"></td></tr>
<tr><td colspan="19">责任人：</td><td colspan="9">照片</td></tr>
<tr><td colspan="4">5S 现场清扫内容</td><td colspan="6">现场 5S 实施确认</td><td colspan="9">责任者：</td><td colspan="9">区域号：</td></tr>
<tr><td rowspan="2">区域</td><td rowspan="2">清扫部位</td><td rowspan="2">清扫周期</td><td rowspan="2">要点及目标</td><td colspan="6">月 日——月 日</td><td colspan="6">月 日——月 日</td><td colspan="6">月 日——月 日</td><td colspan="6">月 日——月 日</td></tr>
<tr><td>周一</td><td>周二</td><td>周三</td><td>周四</td><td>周五</td><td>周六</td><td>周一</td><td>周二</td><td>周三</td><td>周四</td><td>周五</td><td>周六</td><td>周一</td><td>周二</td><td>周三</td><td>周四</td><td>周五</td><td>周六</td><td>周一</td><td>周二</td><td>周三</td><td>周四</td><td>周五</td><td>周六</td></tr>
<tr><td>墙</td><td>表面玻璃</td><td>1 次/月</td><td>无油垢、无灰尘、无破损</td><td></td><td></td><td></td><td></td><td></td><td></td><td></td><td></td><td></td><td></td><td></td><td></td><td></td><td></td><td></td><td></td><td></td><td></td><td></td><td></td><td></td><td></td><td></td><td></td></tr>
<tr><td>地面</td><td>表面台下</td><td>2 次/天</td><td>无油垢、无脏污、无物下落</td><td></td><td></td><td></td><td></td><td></td><td></td><td></td><td></td><td></td><td></td><td></td><td></td><td></td><td></td><td></td><td></td><td></td><td></td><td></td><td></td><td></td><td></td><td></td><td></td></tr>
<tr><td>现场物品</td><td>摆放状态</td><td>1 次/天</td><td>整齐（水平、直角）干净</td><td></td><td></td><td></td><td></td><td></td><td></td><td></td><td></td><td></td><td></td><td></td><td></td><td></td><td></td><td></td><td></td><td></td><td></td><td></td><td></td><td></td><td></td><td></td><td></td></tr>
<tr><td>看板</td><td>摆放状态</td><td>1 次/天</td><td>整齐（水平、直角）干净</td><td></td><td></td><td></td><td></td><td></td><td></td><td></td><td></td><td></td><td></td><td></td><td></td><td></td><td></td><td></td><td></td><td></td><td></td><td></td><td></td><td></td><td></td><td></td><td></td></tr>
<tr><td>桌椅</td><td>摆放状态</td><td>1 次/天</td><td>整齐（水平、直角）干净</td><td></td><td></td><td></td><td></td><td></td><td></td><td></td><td></td><td></td><td></td><td></td><td></td><td></td><td></td><td></td><td></td><td></td><td></td><td></td><td></td><td></td><td></td><td></td><td></td></tr>
<tr><td>……</td><td>……</td><td>……</td><td>……</td><td></td><td></td><td></td><td></td><td></td><td></td><td></td><td></td><td></td><td></td><td></td><td></td><td></td><td></td><td></td><td></td><td></td><td></td><td></td><td></td><td></td><td></td><td></td><td></td></tr>
<tr><td colspan="28">注：◎：代表良好（绿色）　○：代表中等（蓝色）　▲：代表及格（黄色）　※：代表较差（红色）</td></tr>
</table>

表 4-29　现场改善成果申报表

□处不用填写　　　　编号：FX.05.109/01-01

<table>
<tr><td rowspan="3">题目：</td><td colspan="2">改善类别：（请打“○”）</td><td colspan="2"></td><td colspan="2">编号：</td><td>部门：</td></tr>
<tr><td>A 设备</td><td></td><td>C 材料</td><td></td><td>E 预防</td><td></td><td>提案人：</td></tr>
<tr><td>B 人员</td><td></td><td>D 经费</td><td></td><td>F 其他</td><td></td><td>作成日：</td></tr>
</table>

<table>
<tr><td rowspan="5">表现法(0～10分)</td><td rowspan="3">改善前</td><td>问题点：
[图示]</td><td>表现法(0～10分)
独创性(0～20分)
[叙述]</td><td>[数据]</td></tr>
<tr><td></td><td></td><td>来源
[数据]</td></tr>
<tr><td>要因分析：
[图示]</td><td>[要因叙述]</td><td>来源</td></tr>
<tr><td rowspan="2">改善后</td><td>[图示]
改善
着眼点</td><td colspan="2">[叙述]</td></tr>
<tr><td>改善对策：</td><td colspan="2"></td></tr>
</table>

对策来源：	既有的规定要求		借鉴展开的方法		研讨的成果		创新的方法	

实施人填写签名：	重点实施项目：①、② 改善期间：共　　小时；参加人员：共　　人

<table>
<tr><td rowspan="2">效果</td><td rowspan="2">有形效果：（含金额换算）
效果(0～60)</td><td colspan="8">无形效果：</td></tr>
<tr><td>安全卫生</td><td></td><td>品质客户</td><td></td><td>环境现场</td><td></td><td>士气强度</td><td></td></tr>
</table>

评价	评价项目	表现法	独创性	努力度	有形效果	无形效果	总得分	级别	评价人	时间
	初评得分									
	复评得分									
	公司领导									

表 4-30 员工多技能素质表

部门		班组名称		班次		填表人		日期		
工位号 班组成员姓名										
更改日期										
多技能率										
处于学习阶段 能保质保量完成工作 能指导他人工作 能独立发现改进措施并加以实施										
注：多技能率＝班组成员掌握（能保质、保量完成工作）的工位数之和 /（员工数×工位数）。										

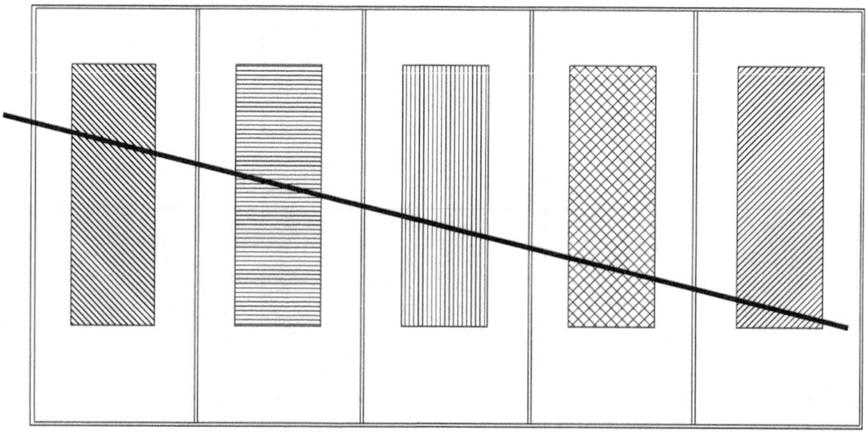

图 4-23 文件资料标识

注：斜线统一用蓝线，宽 0.05 厘米

➢案例 4-8 啤酒厂 5S 管理实例

1. 背景

食品问题一直是人们在生活中关注的重点，而啤酒作为人们日常饮品之一，当然也要保证其质量。现代化快速发展，啤酒工厂也要不断进行改革，通过 5S 管理方法，能有效提升管理水平，实用性较强。

以一个啤酒厂为例，具体研究 5S 管理推行的整个过程。

2. 5S 管理的推行步骤

（1）成立各层级的 5S 管理推行组，制定 5S 管理推行方案（图 4-24）。

（2）召开 5S 管理启动大会，对参会人员进行培训。利用各种宣传工具营造浓厚的 5S 管理推行氛围。

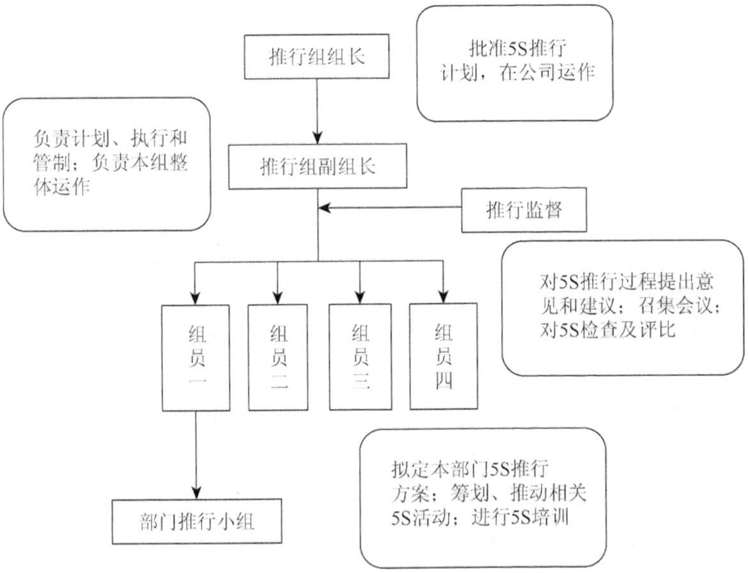

图 4-24　推行组织和职责示意图

（3）制订部门级 5S 管理推行计划、区域定置示图、责任区标识、区域责任人标识牌及部门 5S 管理检查表，并设置路标，放置安全标志及警示牌，划分区域和通道线。

（4）依照 5S 指导书的步骤推行前 3S 的工作。第一步工作是整理，明确判断要与不要，将不要的物品清理出生产现场。第二步工作是整顿，将需要用的物品根据使用频率和用处实行定置管理，明确数量、区域，标识清楚。第三步工作是清扫，消除安全隐患，确保安全生产。

（5）定点摄影，发现问题点并进行跟踪。要求拍摄者在问题点整改前和整改后，定点、定向、同高度拍摄同一个场景，真实地反映问题点整改情况。

（6）每月对各部门 5S 管理推行情况进行评分公示（表 4-31）。使员工知道存在的不足之处，及时改进，不断提高各部门的现场管理水平。

表 4-31　5S 管理检查表

项目	具体地点	检查内容	检查标准		酿造	灌装	……
信息板（20 分）	信息板展示板	关键绩效指标按更新频率及最近活动要求更新有针对性的内容展示		部门各项得分			
环境（50 分）	办公室、控制室、生产现场、休息室、设备	物品分类摆放、空间物品、设备、工具、空间内务整洁程度					
素养（15 分）	行为认识仪表	文明礼貌团队精神对 5S 观念的认识和理解按规定着装，仪容整洁，精神面貌好					
整改率（15 分）	问题点	定点问题及整改率					
				总分			

在啤酒工厂推行卓越现场管理，不仅能改善生产现场环境、提高工作效率，还可以保障生产安全，赋予企业制度化和标准化。在推行过程中要密切结合企业文化、员工素

质，贴近企业实际，使推行过程不流于形式。只要员工接受并长期坚持，把简单的事情做好做精，就能确切感受到企业全新的变化。

4.6 可视化管理

4.6.1 可视化管理定义

可视化管理是指利用信息技术系统，让管理者有效掌握企业信息的管理。可视化管理可以渗透到企业人力资源、供应链、客户管理等各个环节，让企业的流程更加直观，使企业内部的信息实现可视化，并能得到更有效的传达，从而实现管理的透明化。

可视化管理通常采用符号的方式一目了然地体现管理信息，如国家安全标志、行业安全标志，以及用于警示、禁止、指令、安全提示、引导等的醒目的文字和图形符号。可视化标准就是将可视化对象的符号或图形的设计输出用规格、材质、色彩、字体、图例、实例等方式具体表述，以实现可视化管理的标准化。

4.6.2 可视化管理作用

可视化管理通过可视化的生产流程提高生产效率。可视化管理认为，凡是可视的东西皆易于察觉和记忆。可视化管理可以迅速快捷地传递信号，使管理的内容一目了然。可视的内容易于员工分辨正常与否，并且形象直观地将潜在的问题和浪费显现出来。可视化的标识客观、公正、透明化，有助于统一认识。例如，明确标识的工具板使员工一目了然地知道加工某部件需要的工具。

可视化管理能够简化企业的管理流程，使对问题和异常的发现更加简单。当问题和异常被普遍发现时，有利于及时纠正和改进。

4.6.3 可视化管理原则

可视化管理的原则包括视觉化、透明化、界限化。

（1）视觉化。通过彻底标示和标识，进行色彩管理。例如，红色表示警报，绿色表示安全正常，黄色表示提示。

（2）透明化。将需要看到的地方展示在醒目的地方，易于察觉。例如，将指示牌放置在车间入口等多数人经过的地方。

（3）界限化。界限化即标示管理界限，表明正常与异常的定量界限，使信号一目了然。

可视化管理中标识应通俗易懂，任何人都能判断正常状态和异常状态。好的标识要方便任何人使用，在庞大的加工车间，可视化标识要确保车间各角落的员工都能轻易看到。标识中的标志需便于任何人遵守，并且使员工在出错时易于及时纠正。

4.6.4 可视化管理做法

可视管理的第一步是发现问题。如果冲床上的模具坏了，生产出不合格品又无人知道，那么不久就会生产出堆积如山的不合格品。可视化装置便于生产管理者发现问题。在附有可视化装置的机器上，一有不合格品发生即自动停止生产。当机器自动停止时，通过可视化信号显示出现的问题。大部分从现场产生的信息，经过许多管理阶层的传达，最终送到最高管理人员手中。信息在往上级呈报途中会越来越抽象，从而远离了事实。因此，在实施可视管理中，管理人员在现场需要及时看出问题的所在，从而随时下达指示。

在发现问题后需要管理者接触事实，对事实进行及时准确了解。通过设定可视化装置，生产人员需判定每个生产事件是否在控制状态之下，以及异常发生的时刻，及时发送警告。制造业的现场需要做到：一旦检测到异常之处，生产线即能停止生产。生产线一旦停止，每一个人都能认识到发生了问题，员工会积极采取措施，确保此生产线不会以相同的原因再次停止。

从操作人员方面来说，实现可视化管理，即将衡量员工表现的指标进行可视化，如产品合格率、提案建议数、缺勤次数等。在现场的公布栏中，可以显示员工的现有技能和尚需培训的技能。此外，作业操作人员的作业要领书和作业标准书也需要以可视化的方式展示出来。

可视化标识可运用在机器设备上，用来显示运转中的错误，使管理员能够看到问题后及时停机。分类的可视化标识能够显示机器是按照计划停机，或是因换模设置停机、因质量问题停机、因机器故障停机。机器的润滑油的液位、更换的频率和润滑油的类别必须明显标示。此外，金属外盖应改为透明式外盖，这样机器发生故障时作业员能够及时发现。

可视化管理还可用于公布作业标准。将作业标准张贴在工作站的正前方，不仅用来提醒作业员工作的正确做法，同时也使管理人员得以判定工作是否依据标准在进行。挂在工作站正前方的标准作业表能够明确规定在工作时间内作业员的工作地点。当作业员无法在周期时间内完成工作时，该状态能够清晰地反映在标准作业表上。每日的生产目标也可以可视化。每小时及每天的目标，可以陈列在公告栏上，其旁边记录实际产量。此项信息能给督导人员预警，以采取必要的对策达成目标，例如，调动人员支援进度落后的生产线。

可视管理还能使改善的目标清晰化。假如一家工厂受到外界的要求必须在 6 个月内降低某一特定冲床的换模时间。管理者便在机器旁边设立一块布告栏。首先，将现在的换模时间（假设为 6 小时）画在图上。其次，再画上目标值（设为 1.5 小时）。最后在两点之间连接成一条直线，表示出每个月所需达成的目标值。每一次换模时测定时间，并标示在图上。

最高管理部门的职责之一，就是要设定公司的长期和中期方针，以及年度方针，并且以可视化的方式告知员工。这些方针通常陈列在工厂的大门口处、餐厅以及现场。当这些方针逐层往下一个管理阶层展开时，会最终展开至现场，使每一个人知道要从事改善的活动。

➢案例 4-9　烟草企业可视化管理实例

1. 背景

随着社会的发展，可视化管理越来越重要，物流作为日常生活中重要的一部分，进行物流的可视化管理也是现代物流发展的一个重要方向。物流可视化管理是以物流信息化为基础，以现代可视化技术为支撑，以为物流企业管理决策、生产调度指挥、作业过程监控、在途跟踪管理等提供现代化工具为目的的管理模式。可视化管理使物流管理者能方便、简捷地掌握物流的实际业务情况并实时监控和调整物流业务。

烟草行业信息化建设在“以信息化带动工业化、以工业化促进信息化，走新型工业化道路”的战略指引下，按照“统一标准，统一平台，统一数据，统一网络”和逐步实现“系统集成，资源整合，信息共享”的总体要求，全面启动了数字烟草建设，正朝着“用信息化带动烟草行业现代化建设”的目标迈进。经过十几年的发展，烟草行业的信息化建设已经得到了很大的提升。

目前，烟草公司的物流信息化建设还存在系统集成度不高、信息不能共享的不足，尤其是信息可视化还远达不到现代物流管理的需求，难以适应精益物流建设目标和“十二五”期间国家烟草总局对现代物流建设的要求。烟草公司可视化管理的分析非常必要。

2. 可视化管理平台的功能结构

在该公司的可视化管理中，主要通过仓储分拣管理模块、车辆在途管理模块、综合信息管理模块、设备监控管理模块这四个部分进行。具体可视化管理平台的功能结构如图 4-25 所示。

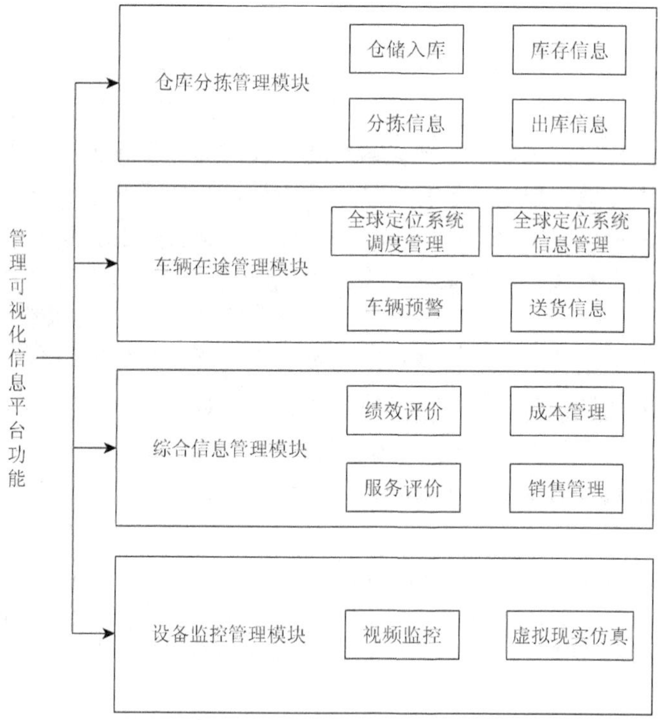

图 4-25 可视化管理平台功能结构图

3. 可视化信息分类

1）仓储分拣管理模块

（1）仓储入库信息。包括产品扫码或入库信息、仓库入库汇总、入库单明细等。

可按省、烟厂、品牌、规格及日期统计到货入库，预计到货入库等信息展示。利用信息展示工具进行图表式展示。

（2）库存信息。可从单位、仓库、卷烟类型（多种类）、产地（省市）、厂家（工业集团烟厂）、品牌及卷烟等维度进行库存数量的统计分析，设置库存预警线，分析各种卷烟的库存情况。利用信息展示工具进行图表式展示。也可以用虚拟现实（virtual reality，VR）进行虚拟库区信息展示。实现实时从库存总量、品牌、工业集团、库区、货位、时间等维度进行库存信息展示。

（3）存销比信息。按时间、库存卷烟进行存销比分析。利用信息展示工具进行图表式展示。也可以利用虚拟现实将存销比结果（如排名前十、后十）进行立体化展示。

（4）库存使用率（占有率）信息。对物流各库区按时间进行使用率信息展示。利用信息展示工具进行图表式展示。

（5）库存预警（缺货及滞销）信息。可实时将库存中处于缺货及滞销的信息进行统计，利用信息展示工具进行图表式展示。库存预警将按级别显示。

（6）出库信息。按时间段统计卷烟出库信息。包括总量、品牌、型号及烟厂排名。利用信息展示工具进行图表式展示。也可以利用虚假现实将统计结果（如排名前十、后十）进行立体化展示。

（7）分拣信息。展示分拣线的实时分拣效率，同时分析订单的结构组成对分拣效率的影响。各分拣线的分拣总量、客户数、订单数、品种数已分时间、分拣量及预计分拣完成时间等。

（8）分拣效率对比。按时间段对历史分拣数据进行统计分析，展示一段时间的分拣效率高低对比图。

2）车辆在途管理模块

（1）送货在途监控信息。送货在途监控包括两个方面：一是工业集团给物流配送中心的送货，二是物流配送中心为各零售户的送货。①工业集团给物流中心送货信息。物流中心通过与国家局“在途管理信息系统”集成，实时将各工业集团给物流中心的送货信息抽取到“物流现场管理”中，实现在物流现场管理中展示各工业公司给娄底烟草送货车辆的实时信息。它包括各送货车辆的位置、出发时间、预计到货时间、累计行驶里程、车辆号码、准运证号、合同单号、卷烟品种、数量、车辆型号、容积、驾驶员姓名（送货员）和电话等信息。用于显示的地图精度可以只到省级和地区。②物流中心送货在途监控信息。中心可实时监控所有送货车辆的在途信息，包括位置、车速、停留时间、应送客户数、已送客户数、线路偏离、报警信息等。如果送货车辆上安装了视频设备，那么指挥中心还可以实时了解每辆车前方的道路情况、后车门开启情况、货物情况等视频信息。

（2）送货信息。对送货效率、装箱率等信息进行展示。分析送货车辆的满载情况，为业绩及线路考核提供依据。设置车辆的装箱容量，分析线路优化后的装箱率、物流中心送货量及中转站送货量。利用信息展示工具进行图表式展示。

（3）客户送货分布情况。按时间段对各区县的进货客户的进货量的分布情况进行统计分析。按时间段对各区县的进货客户的户数进行统计分析。

（4）车辆报警信息。在以下几种情况下，系统会发出报警信息，并以光、声的形式或手机短信发出。①疲劳驾驶报警：系统预先设定一个时间，当驾驶员连续驾驶时间超过该设定的时间时，系统发出疲劳驾驶报警信息。②超时停车报警：系统预先设定一个时间，当车辆停车时间超过该设定的时间时，系统发出超时停车报警信息。③车载终端故障报警：当车载终端主机或天线出现故障时，系统会及时发出车载终端故障报警信息。

3）综合信息管理模块

（1）绩效评价。将绩效考核的指标体系以及员工的绩效考核结果，制作成简单易懂、美观整洁的图形报表，为领导决策提供信息辅助。

（2）成本管理。物流成本管理是对物流的仓储分拣费用、配送费用、管理费用等进行数据的采集、统计、分析，以便于了解仓储成本、分拣成本、配送成本、管理成本等。系统将通过对成本的各个组成项的记录和分析，为最终的成本分析决策提供依据。物流成本管理将成本组成项分成直接成本（油耗等）、分摊成本（水电等）、人力成本（工资等）、长期固定递延成本（场地等）、短期固定递延成本（系统等）、可交设备成本（汽车等）、管理成本（办公等）和其他成本等多类，分别从各相关系统中采集数据并统一计算，最终得到科学合理的物流整体成本，为决策提供依据。

（3）销售主题。销售（送货量）统计分析包括销售（送货量）统计、销售（送货量）分区县统计、本月计划销售（送货量）统计、营销中心销售（送货量）走势分析等。统计某日全市各区县的总体销量情况，并进行文字和图表的综合展示。

（4）月（季）度销售（分拣送货）趋势分析。按时间段统计全市的销量（送货量）的走势情况，并进行文字和图表的综合展示。

（5）客户主题。按照零售户的属性特征进行整个烟草公司的零售户的分布销量等情况的分析，主要包括：烟草零售客户分布（地区、客户等级、经营业态等）、零售户动态信息查询、卷烟进货户数月走势、按烟草零售客户分布（地区、客户等级、经营业态等）情况进行各项分析。客户主题可结合地理信息系统进行信息展示。

4）设备监控管理模块

（1）立体仓库三维可视化展示。通过对立体仓库的三维模拟仿真，展示货物入库、出库的过程及立体仓库的工作状况。

（2）分拣线设备三维可视化展示。通过对分拣线的三维模拟仿真，展示出分拣线设备的运行状态。

（3）视频监控信息：在分拣、仓储等主要的设备区域安置摄像头，把监控摄像头的视频信息在展示平台中播放，允许操作人员自行切换虚拟场景视角和真实场景视角。

4. 可视化管理平台设计原则

（1）整体性。卷烟物流信息系统本身必须是一个完整集成的整体，其内部各子系统、各功能模块之间既要符合软件功能划分高内聚、松耦合的设计思想，又要实现相互之间流畅的消息传递和功能协作，所以可视化管理平台整体必须具有较好的集成架构。

（2）安全性。可视化管理平台的运行需要获取企业大部分核心业务资料，因此，系统的安全性十分重要。根据集中式管理、分布式控制的要求，在设计软、硬件方案时，要充分考虑系统运行时可能发生的情况，采用成熟、安全、可靠的产品和技术，提高系统整体的安全能力、应变能力和容错能力。同时应充分考虑核心业务系统的安全需要，从整体上构建安全体系。

（3）实用性。可视化管理平台的方案设计应追求实用性，切合各地市烟草公司网建和卷烟物流配送中心建设的实际，切合有限投资的实际。应以降低总体费用、提高整体效益为目的，进行整体设计。一方面，进行系统设计时应当同时考虑相关硬件、网络、软件平台等的相互关联，力求做到易于使用、便于维护。另一方面，在保证系统安全、可靠运行的前提下，要充分考虑与现有软硬件系统的兼容性，尽可能利用原有设备和已有系统，保护计算机设备及软件的原有投资，最大限度地降低建设费用。

（4）先进性。可视化管理平台的规划设计要充分考虑到商业企业未来发展的需要，使系统在业务扩张、业务改革的过程中不需要重新进行规划设计，并能够顺利、平稳地向更新的技术过渡。因此，在保证系统运行的安全性、可靠性和稳定性的前提下，要适度追求信息技术与设备选型的先进性，采用符合国际标准的技术和产品，确保卷烟物流配送中心各业务系统的稳定高效运行。

4.7 标准化作业

4.7.1 标准化作业含义

标准化作业就是对在作业系统调查分析的基础上，将现行作业方法的每一操作程序和每一动作进行分解，以科学技术、规章制度和实践经验为依据，以安全、质量效益为目标，对作业过程进行改善，从而形成一种优化的操作程序，逐步达到安全、准确、高效、省力的作业效果。

创新改善与标准化是企业提升管理水平的两大轮子。改善创新是使企业管理水平不断提升的驱动力，而标准化则是防止企业管理水平下滑的制动力。标准化保证了企业长期维持在较高的管理水平。

世界各国际标准化专家、学者一直致力于标准化原理等基础理论的研究。国际标准化组织（International Organization for Standardization，ISO）于 1952 年成立了标准化原理研究常设委员会（STACO）。其首要职责是在标准原理、方法和技术方面充当国际标准化组织理事会的顾问，在考虑标准化经济问题的同时，使国际标准化组织的标准化活动取得最佳效果，推动标准化理论的研究工作。日本在 1958 年设立了标准化原理委员会（JSA/STACO），开展了标准实施状况的调查以及标准化经济效果的计算方法和标准化术语的研究。1959 年，官城精吉提出了标准化的两个基本原理（即经济性的基本原理和对策规则的基本原理）和一系列分原理。

标准化作业是丰田公司的作业指导。丰田公司认为：不存在完成一项工作的最佳方法，员工应该积极参与标准的设计，标准作业的目的是为改进提供基础。

4.7.2 标准化作业优点

标准化作业能够为流程带来稳定性。稳定性意味着可重复性，即能够在每一次生产过程中达到所期待的生产率、质量、成本、交付期、安全及环境目标。

在标准化的作业中，每一流程都有明确的起止点，使管理者能够看清生产状况的现阶段状态，明确现阶段的生产是超前还是滞后。

标准化作业保护了技术知识和专业技能。由于各操作流程有标准可循，企业不会因为某些资深员工的离职失去技术经验，这就提高了岗位的可替代性。

在精益生产中，通过员工参与和专业人员的支持制定标准作业，并寻找防错装置。标准作业是培训员工的基础。标准化的流程使员工对操作的学习更加容易，从而应对不断改变的生产需求。

标准化作业为衡量改善提供了标准。大部分流程中都存在浪费。运用标准化作业能够衡量减少这些浪费给企业带来的改进程度，并且易于制定改善后的新作业标准。

4.7.3 标准化作业三要素

标准化作业包括三要素，即节拍时间、工作顺序、工序间库存。三种要素为管理者提供了评估特定流程的基准。

1. 节拍时间

节拍时间揭示了需求的频率，即每隔多久必须生产出一件产品。节拍时间可以按以下公式计算：

$$节拍 = 每天运行时间 / 每天所需数量$$

假如每天订单是 890 单位，并且分两班，每班 445 分钟操作，则节拍时间是

$$节拍 = 890/(445+445) = 1（分钟）$$

因此，必须每一分钟生产一件产品。

2. 工作顺序

工作顺序指的是完成一个流程的最佳方式。工作顺序定义了给定流程的操作顺序。管理者需要明确完成工作中每一个动作的最佳途径和正确顺序。在丰田公司，常运用图画显示操作应有的正确姿势、手脚的移动方式、如何握工具、积累下来的经验或工作中的不足与诀窍、重要的质量或安全事项。

3. 工序间库存

工序间库存表示两工序间应该有的存货量。工序间库存是保证操作员不会出现空闲状况的未完成工件的最小数量。若该操作员手上没有一定数量的工件，则操作将不能进行下去。以下情况需要提高工序间的库存：①质量检查需要额外的工件；②下一步操作开始前，设备温度必须要降下来；③设备自动循环；④机器操作的次序与流程相反。

工序间库存确定了每一流程的在制品数量的标准，并使可能存在的异常现象变得明显。

4.7.4　标准化作业推行方式

标准化作业的推行按照作业指导书规定，使标准逐渐习惯化。标准化作业的推行需要经过以下三个过程。

（1）通过培训与确认使员工掌握岗位的作业指导书。培训过程使员工知道要做什么、什么时候做、怎样做、达到什么效果，通过文字考核与操作考核的方式对员工的掌握程度进行确认。

（2）通过宣传活动使员工接受和理解标准化作业活动。标准化作业推行不是简单发出红头文件和作业指导书。员工通常不愿接受工作习惯的改变，有些员工甚至不愿意将自己的操作经验共享。在推行标准化时需要有耐心，营造良好的改善氛围。

（3）通过工艺纪律检查实现督促与改进。作业标准化推行不能依赖员工自律，管理人员要到作业现场做工艺纪律检查。鼓励先进、鞭策落后，让做得好的员工感觉到成就，做得不好的员工感觉到压力，逐渐完成作业标准化的推行。

4.7.5　标准的制定要求

一个好的标准的制定要满足以下六点。

（1）目标指向。标准必须是面对目标的，即遵循标准总是能保持生产出相同品质的产品。因此，不要出现与目标无关的内容。

（2）显示原因和结果。例如，“安全地上紧螺丝”仅描述了操作的结果，在制定标准时应该描述如何上紧螺丝。又如，“焊接厚度应是 3 微米”是一个结果，应该描述为“焊接工用 3.0A 电流 20 分钟来获得 3.0 微米的厚度”。

（3）准确。要避免抽象，例如，“上紧螺丝时要小心”等描述，“小心”这样模糊的词语不宜出现。

（4）数量化——具体。每个读标准的人必须能以相同的方式解释标准。为了达到这一点，标准中应该多使用图和数字。例如，使用一个更量化的表达方式，“使用离心机以 100±50 转/分钟的转速转动 5～6 分钟的脱水材料”来代替“脱水材料”的表达。

（5）现实。标准必须是现实的，即可操作的。

（6）修订。标准在需要时必须修订。在优秀的企业中，工作是按标准进行的，因此标准必须是最新的，是对当时正确的操作情况的反映。

4.7.6　标准化作业的实施

在制定标准作业时通常使用三种图表：生产能力表（production capacity chart）、标准作业组合表（standardized work combination table）、标准作业分析表（stand- ardized work analysis chart）。这三种图表用来分析和定义流程，也是识别改进点的工具。

1. 生产能力表

生产能力表确定了一个流程中机器的生产能力，它记录了机器及人工操作的时间，并能一目了然地展现瓶颈。某一给定机器的生产能力按如下公式计算：

$$生产能力=每班操作时间/（加工时间+整备期/调整间隔）$$

式中，整备期是指机器从生产一种产品转换为生产另一种产品所需的时间，调整间隔是指按照零部件的数量对设备进行调整的频率。

表 4-32 显示了一张实际的生产能力表。流程 2 中钻床的生产能力计算如下：

操作时间=每班 460 分钟（27600 秒）

加工时间=24 秒 / 件

替换砂轮时间=30 秒

调整间隔=1000 件

结论：生产能力=27600/（24+30/1000）=1148.5（件），即钻床的生产能力是每班 1148.5 件。

表 4-32 某加工流程生产能力表

经理：	领班：	标准生产能力表	部件编号：17111-38010	产品型号：22R		部件：532 542		姓名：
			部件名称：进气歧管	单位数量：1				
流程编号	流程名称	机器编号	基本操作时间/秒			工具变化		能力/件
			人工操作时间	自动运行时间	完成时间	变化间隔/件	耗时/秒	
1	附加面加工	MIL1764	3	25	28	100	60	965
2	钻螺栓孔	DR2424	3	21	24	1000	30	1148
3	攻螺纹	TP1101	3	11	14	1000	30	967
4	质量检查（螺纹纹距）		5		5			5520
总计			14					

2. 标准作业组合表

标准作业组合表显示了工序要素及其顺序；每项工作要素的时间；操作员操作和机器运行时间；操作员和机器间的相互作用或不同操作员之间的相互作用。

通过分解操作员的移动动作并将它们与机器时间相联系。标准作业组合表使改善更容易进行。表 4-33 显示了一张实际的组合表。

3. 标准作业分析表

标准作业分析表有助于合理化布局和培训工人，图表包括工作布局、流程步骤和流程时间、重要的质量和安全事项、标准的在制品库存。表 4-34 是一张制作汉堡的标准作业表。

表4-33 某工序标准作业组合表

承认		标准作业组合表(作业要素层级)	料号	A产品半成品产线	每班需求数量	5000PCS	部门	制作者
DSC4装配	颜××		品名	/	节拍时间	7.2s	DSC生技	康××
			工序	焊锡检验				

作业要素顺序	作业要素（单元）名称	时间 人工 分	人工 秒	步行 分	步行 秒	自动 分	自动 秒
1	取上工站完成品		1.2				
2	目视检验USB焊锡是否良品		3.4				
3	目视检验30Pin焊锡是否良品		4.2				
4	将检验完成品放到流水线		0.8				
5							
6							
7							
8							
合计			9.6				

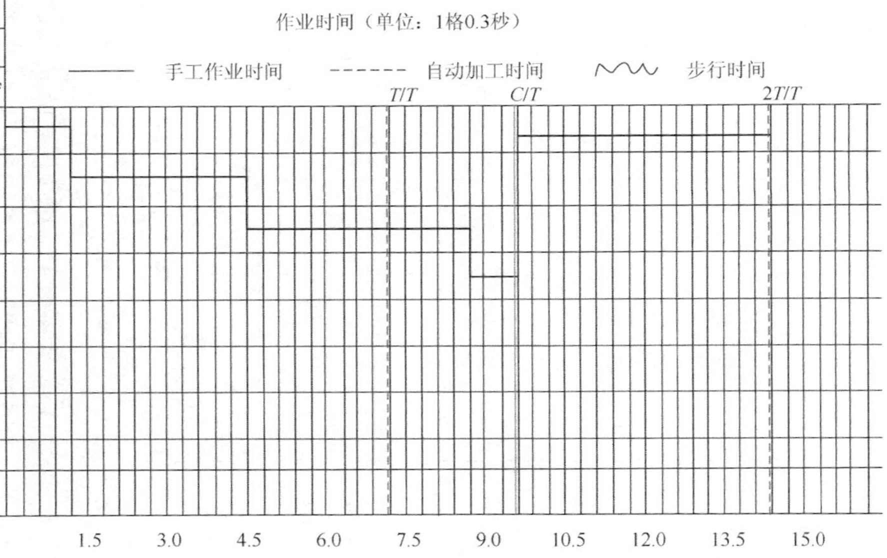

表 4-34 汉堡制作标准作业表

标准作业表						加工地点：汉堡店 价值流：汉堡 流程：汉堡制作 容量：1 天 100 件	材料：肉饼、面包、蔬菜、酱 节拍时间：10 秒		
制表人：	批准人：	手工时间/秒	机器时间/秒	等待时间/秒	行走时间/秒	○ 工作序列 —— 行走路线 - - - - 回到起始点	安全	在制品区	质量
步骤	步骤描述						✚	●	◇QC
1	加热肉饼	10	60		2	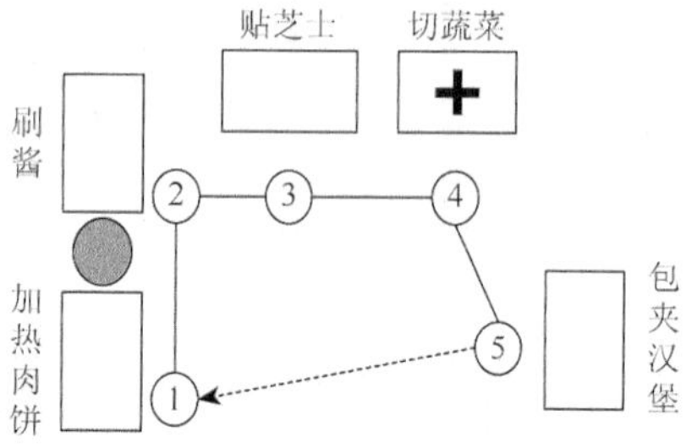			
2	刷酱	10			3				
3	贴芝士	10			3				
4	切蔬菜	40			4				
5	包夹汉堡	10			5				
	总计	80		0	17				

4. 时间测量

在标准化作业时，还需要将一个工作流程分解成各工作要素，并测量每一要素开始和停止的瞬间。时间测量的步骤有：①熟悉加工区域及其周围的环境；②画出加工区域布局；③显示工作顺序；④记下工作要素；⑤计算总的周期时间（至少 10 次）；⑥衡量每一工作要素所需的时间（至少 10 次）；⑦找出和衡量不规律的工作；⑧填写标准作业分析表和标准作业组合表。

时间测量可以提供给管理者许多有效信息，如工作场所的当前状况、进度是否提前、流程的可重复性、机器数量是否充足、流程中有多少增值工作。

➢案例 4-10 变电检修现场标准化作业实例

1. 案例概况

在变电检修时，为了确保标准化作业在工作现场得到顺利实施，各个作业现场均严格按照编制的作业文本实行标准化作业，每一步工作结束后，由现场工作人员填写相关工作内容的各项标准化步骤和措施。工作整体结束后，已执行的作业文档由专人签字审核后存档。上述方式虽然达到了标准化作业操作的要求，但是实际应用中存在现场作业卡种类繁多、现场不易查找、纸介质作业卡携带不便、作业卡现场使用没有很好的监控手段、存档检查不方便等情况，在一定程度上限制了现场标准化作业的开展。

为了解决上述问题，研发了一套以国家电网设备管理系统工作票数据为依据，以掌上电脑（personal digital assistant，PDA）手持机嵌入式系统为运行环境的现场标准化作业系统，按要求规范各类检修工作，从而实现检修现场作业流程化、规范化和标准化。

2. 系统概述

变电检修现场作业标准化系统由物料及工器具标准化定额、检修作业标准化工序和检修成本统计分析等多个功能模块组成（图 4-26），通过企业服务总线（enterprise service bus，ESB）接口实现掌上电脑手持机和国家电网设备管理系统与资产全寿命管理分析系统的数据交换。掌上电脑手持机采用工业便携式计算机，每台掌上电脑可同时安装两台锂电池从而实现带电更换电池，以解决检修时间过长、电池电量不足的问题。同时，掌上电脑手持机使用前只需要通过企业服务总线接口将设备管理系统工作票和工单数据下载即可断网使用，方便了工作人员在检修现场工作的随时应用。

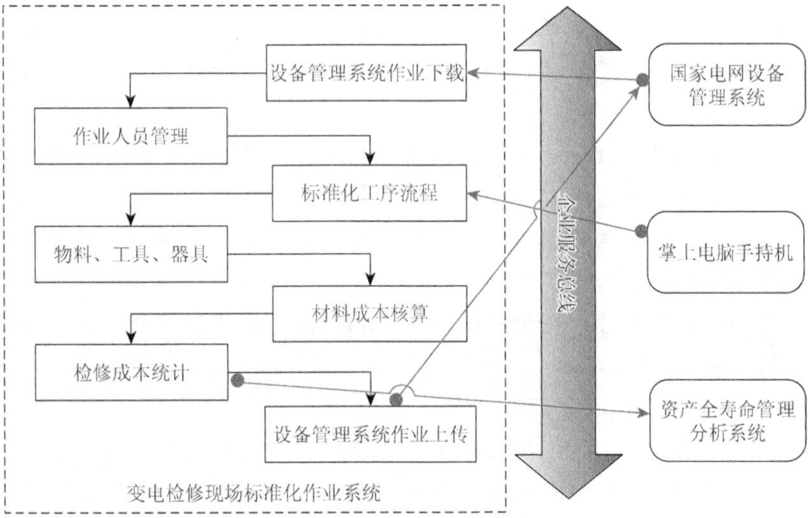

图 4-26　现场标准化作业系统架构

变电检修现场标准化作业系统采用 B/S+C/S 混合结构开发。B/S 结构主要嵌入国家电网设备管理系统中，用于维护标准化作业人员信息，以及各类检修工作需要的物料、工器具以及工序等标准化作业信息，并实现标准化作业完成情况查询功能。C/S 结构中客户端安装在掌上电脑手持机上用于现场标准化工作管理。检修人员在检修工作前将设备管理系统中变电一、变电二中工作票和工单下载到掌上电脑手持机，现场检修工作开始后检修人员根据检修工序的提示逐步完成相应的检修作业，并在开始和结束时进行时间记录，同时根据工作需要在物料、工器具标准化模块填写各类材料的实际使用数量，在工作结束后通过企业服务总线接口将现场操作信息回传到设备管理系统中，同时相关的人工和物料数量信息参照企业资源规划相关定额进行计算统计，核定出准确的检修成本提交资产全寿命管理分析系统。

3. 系统功能

1）设备管理系统作业下载

现场标准化系统作业下载功能以工作票关联的工单为下载依据，通过企业服务总线进行数据交换，在工单“资产活动”选项关联检修的标准化作业内容，现场标准化作业系统根据实际检修工作设定了“三相一体主变交接试验”“35～220kV 变压器散热器检修”等40项作业项目，其中变压器类39项、高压断路器类97项、其他设备57项，并在PDA手持机建立了466份检修作业工序流程与上述检修工作相对应，从而实现了现场标准化作业系统全面涵盖变电检修的各项工作。

检修人员在设备管理系统填写工作票关联的工单时，选择检修工作相对应的资产活动，PDA 手持机作业下载时，首先查找许可状态及其后续环节的工作票，并对相关联的工单的资产活动选项进行扫描，列出所有资产活动选项关联标准化作业项目的工作票，检修人员选择本次工作的工作票，点选下载即可将本次工作下载到PDA手持机。

2）检修作业标准化工序

现场标准化系统作业下载结束后，开始作业模块会显示出工单关联的设备信息，检修人员选取进行工单对应作业项目的工作成员姓名，单击“开始工作”即可进入检修作业标准化工序流程。

现场标准化作业工序模块从工作时间统计、工作流程控制、工作风险提醒、工艺标准要求等多个方面对现场检修作业进行全面的标准化管控，在时间统计方面引入了非检修时长概念，通过工作暂停管理去除检修人员吃饭、休息等时间，从而准确统计检修工作时间。工艺标准及要求给出了每一项工作的具体要求，检修人员可根据相关要求对每项工作进行全面的审核自检。风险提醒给出了相关工作项目存在的风险，起到对检修工作安全管控的作用。

3）物料、工器具标准化定额

物料、工器具模块给出了标准化作业所需物料和工器具的种类和数量定额，在检修工作前检修人员可根据上述信息进行检修准备工作，以免因物料、工器具不全延误检修工作的顺利开展。检修工作结束后，检修人员根据实际使用的物料和工器具情况进行数据录入，并核算本次工作的物料、工器具成本。同时，系统将对同一类工作用料情况进行比对，从而根据实际情况给出更合理的标准化配额。

4）检修成本统计分析

现场标准化作业系统通过对每次检修工作的人员数量、工时的统计计算检修工作的人工成本费用，通过统计使用数量和企业资源规划每项物品单价的计算准确核算物料、工器具成本费用，从而合理计算每次检修工作的检修成本。上述成本通过企业服务总线作为资产全寿命管理的检修成本C3传输到资产全寿命管理分析系统，以便客观、准确地进行设备检修成本分析，为以后的设备采购、建设、技改、检修等工作提供合理的数据依据。

4. 系统的应用效果

（1）应用现场标准化作业系统全面提高了变电检修人员的作业技能、安全和质量意识，帮助作业人员和班组正确处理好安全、质量和进度三者间的关系，促进了安全、质量和工程进度三者的和谐统一，大大提高了工作效率。

（2）规范了检修人员的教育培训模式。因为统一了作业标准，做到了“六个明确”（即工作任务明确、工作范围明确、安全措施明确、工作程序明确、工作方法明确和人员职责明确），所以每一位员工均能学习到相同的知识，按标准的程序和要求进行作业，继而形成了技术水平齐头并进、整体全面提高的良好局面。

（3）应用现场标准化作业系统有效地减少了违章行为的发生，违章情况逐年大幅减少。标准化作业工序功能对可能诱发安全事故的隐患和危险，都有针对性地进行提前预想、提前分析、提前控制，特别提醒了工作中容易发生的各种习惯性违章情况。标准化作业使现场安全生产管理程序更加井然有序，精细化管理得到了具体落实，从而大大提高了现场作业的安全管理水平。

（4）现场标准化作业系统实现了“统一流程，规范作业，结合实际，持续完善”的指导思想，结合公司现有的安全、生产、技术等管理机制，做到最大限度地有效衔接与融合，确保现场作业“任务清楚、作业程序清楚、危险点清楚、安全措施清楚，人员到位、措施到位、执行到位、监督到位”。

（5）现场标准化作业系统遵循简单、实用、有效的原则，结合实际对基本流程进行拓展、分解、细化，覆盖现场作业，完善关键节点的内容，确保针对性和可操作性。同时，不断总结标准化作业经验，把作业流程中的要素模块化，逐步实现模块化管理。

（6）现场标准化作业系统采用现代化的科技管理手段，使现场标准化作业工作向数字化、信息化、网络化方向发展，逐步实现现场标准化作业管理的无纸化作业，减轻了现场工作人员的文字工作量。

推广应用变电检修现场标准化作业系统后，采用标准化流程控制，简洁、规范的标准化作业要求更直观具体，更易被职工接受，检修工作在质量控制、安全管理上很快收到了成效。杜绝了以往现场检修工作重视现场、不重视过程的问题，解决了现场一线工作同班务管理存在冲突的问题，明确了检修班组内部因分工不明确而造成管理混乱的现象。预防了作业过程中人为事故的发生，进一步实现了流程设计精心细化，有效提高了企业安全生产管理水平。

4.8 精益六西格玛

4.8.1 精益六西格玛定义

精益六西格玛是精益生产与六西格玛管理的结合，其本质是消除浪费。精益六西格玛管理的目的是通过整合精益生产与六西格玛管理，吸收两种生产模式的优点，弥补单个生产模式的不足，达到最佳的管理效果。精益六西格玛不是精益生产和六西格玛的简单相加，而是两者的互相补充、有机结合。

精益六西格玛旨在通过识别和剔除造成缺陷的原因，提高流程产出的质量。通过运用一些质量管理工具，包括经验性方法和统计模型，建立组织内熟悉这些工具的专家，实现精益六西格玛的管理。一个精益六西格玛管理方案通常具有特定的价值目标，如减少流程耗时、增加顾客满意度、提高效益等。

传统六西格玛项目主要解决与变异有关的复杂问题，例如，控制一个过程的产品一次通过率；而精益六西格玛项目解决的问题不仅包括传统六西格玛所要解决的问题，而且要解决那些与变异、效率等都有关的综合性复杂问题，例如，不但要控制一个过程的产品一次通过率，还要优化整个生产流程，简化某些动作，缩短生产提前期，从而控制过程的变异。

4.8.2 精益与六西格玛的关系

在精益生产与六西格玛管理进行集成时需要明确两者之间的关系。

（1）两者都是持续改进、追求完美理念的典范。这是两者精髓上的同质性，正因为如此，两者才能有结合的可能性。

（2）精益生产和六西格玛管理都与质量管理方法有密切的联系，它们的实施都与PDCA 循环的模式大同小异，都是基于流程的管理，都以顾客价值为基本出发点，这为两种生产模式的整合提供了基础。

（3）精益的本质是消除浪费，六西格玛的本质是控制变异，而变异是引起浪费的一种原因，所以两种模式关注的对象不是对立的，而是具有互补性的。

4.8.3 精益六西格玛管理的必要性

六西格玛优化的对象经常是局部的，缺乏系统整体性。因此需要精益思想将优化目标系统整合，建立优化流程。而精益生产理论的优点之一就是对系统流程的管理，它可以为六西格玛的项目管理提供框架。系统中经常存在不能提高价值的过程或活动，通过重新设计流程尽量消除此类活动或过程。

精益生产依靠专家人才的特有知识，采用直接解决问题的方法。因此对于简单问题，其解决问题的速度更快，但它缺乏知识的规范性；对于复杂的问题，它缺乏效率，无法保证其处于统计受控状态。六西格玛管理更好地集成了各种工具，采用定量的方法分析解决问题，为复杂问题提供了操作性很强的解决方法和工具。

因此，精益生产告诉六西格玛管理做什么，六西格玛管理决定怎样做，以保证过程处于受控状态。对于复杂程度不同的问题，需要两者结合进行解决。

4.8.4 精益六西格玛管理理论工具

在利用精益六西格玛方法对系统进行分析时，可运用精益生产或者六西格玛的常规方法工具，也可能需要把两个管理模式中的方法和工具结合起来使用。例如，对于简单问题，应该用改善（kaizen）的策略，用精益生产的方法和工具直接解决；对于复杂的问题，需要运用六西格玛的方法和工具；一些复杂问题需要同时利用精益生产的和六西格玛的方法与工具来解决，才能达到其目的。因此，精益六西格玛管理要实现精益生产速度和六西格玛的过程稳健性，必须确定问题的种类，针对具体问题选用恰当的处理方法和工具。

DMAIC 是一种六西格玛的分析工具，以其实施的步骤的首字母命名。该工具的主要步骤有：①定义（define，D）系统，包括定义顾客的需求、要求、项目的目标等；②测量（measure，M）现有流程的关键因素，搜集关键信息；③分析（analyze，A）数据，研究因素间的因果关系；④通过分析数据和结论，改进（improve，I）现有流程；⑤控制（control，C）流程的未来状态，保证生产过程中任何变异都能得到及时的发现和纠正，不会为生产带来损失。

在精益六西格玛实施过程中，Minitab 公司提供了一系列的工具解决方案。其数据分析工具具有假设检验、能力分析、回归分析、时间序列分析、可靠性分析等功能。在精益项目实施中，价值流程图、FishBone、C&E、Processmap、5S 等表单必不可少。这些模板内置于 Minitab 公司旗下的 Quality Companion 软件中，为企业实施精益项目提供理论支持。

4.8.5　精益六西格玛管理操作步骤

精益六西格玛活动可以分为精益改善活动和精益六西格玛项目活动。精益改善活动主要针对简单问题，这类问题可以直接用精益的方法和工具解决。DMAIC 是精益六西格玛重要工具，指的是定义（define）、测量（measure）、分析（analyze）、改进（improve）、控制（control）。精益六西格玛项目把精益生产的方法和工具与六西格玛的方法和工具结合起来，在 DMAIC 的实施中加入了精益的哲理、方法和工具，形成新的方法，称为 DMAICⅡ。

在实施 DMAICⅡ的过程中，首先利用精益思想定义价值，提出流程框架，在此框架下，结合六西格玛工具，定义改进项目。在测量阶段，把精益生产时间分析技术与六西格玛管理工具结合，测量过程管理现状。在分析阶段，将六西格玛技术与精益流动原则结合，分析变异和浪费。在改进阶段，以流动和拉动为原则，运用两种模式中的所有可以利用的工具对流程进行增加、重排、删除、简化、合并，同时对具体流程的稳健性和过程能力进行改进。在控制阶段，除了完成六西格玛管理控制内容，还要对实施中产生的新问题进行总结，以便下一个循环对系统进行进一步完善。

具体的实施步骤如下。

（1）定义阶段：定义顾客需求，分析系统，寻找浪费或变异，确定改进机会；分析组织战略和组织的资源；确定项目，包括项目的关键输出、所用资源、项目范围。

（2）测量阶段：测量流程现状，包括各流程或动作需要的时间；对测量系统分析，并评价过程能力。

（3）分析阶段：分析流程，查找浪费根源或变异源；确定流程及关键输入因素。

（4）改进阶段：确定输入输出变量之间的关系，提出优化方案，并制订改进计划。

（5）控制阶段：建立运作规范，实施流程控制；验证测量系统的过程及其能力；对实施结果进行总结，规范成功经验，提出新问题。

➢案例 4-11　基于精益六西格玛的某电机公司改善实例

1. 案例背景

某公司是以生产车用电机为主要经营业务的企业，其产品根据不同的种类和生产工艺，主要分为PS电机、GD电机和FL电机三大类，其中PS电机的销售额占较大比例。针对生产中存在的一些问题，优化生产运营流程、消除浪费、提高品质，是解决企业目前生存与发展问题的最佳途径之一。下面遵循精益六西格玛推进步骤，针对该公司主要产品的生产现场展开改善。

2. 具体步骤

步骤1：根据该公司目前PS电机的营业额和生产数量占工厂产品的70%以上，选择PS电机作为当前要研究的主要产品。根据该厂的生产工艺，PS电机的主要生产流程环节包括10个，即线圈绕组、定子嵌线、安装引线、定子绑线、定子浸漆、定子入机壳、底端盖装配、转子轴装配、电机装配测试、铭牌标签包装。

步骤2：根据该厂内部材料流、信息流以及在制品库存的实际情况，绘制出当前PS电机的价值流图以及总提前期计算数据表格，如图4-27和表4-35所示。

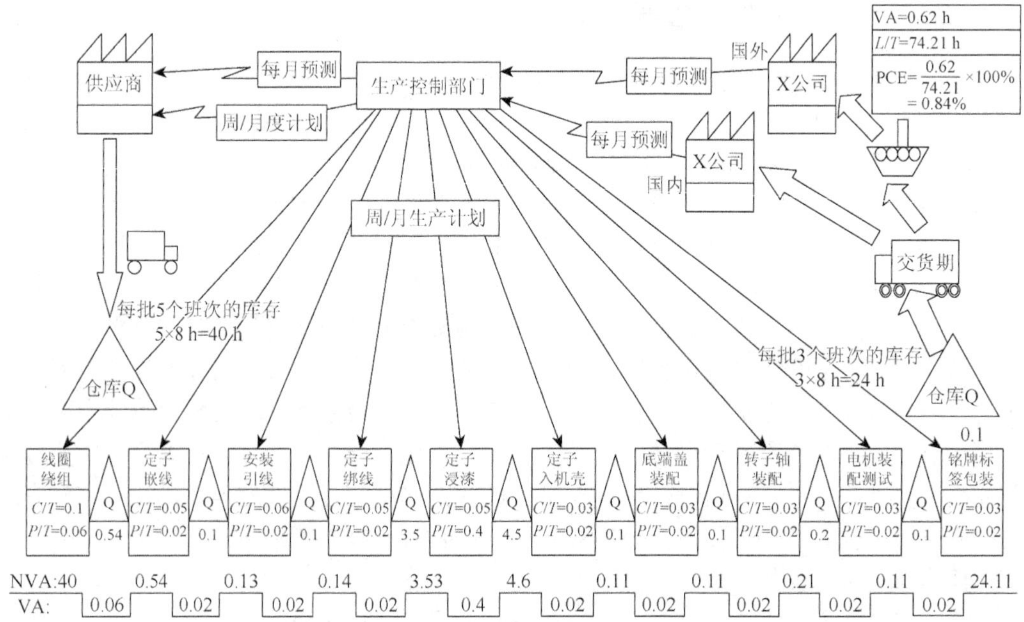

图4-27 当前PS电机的价值流图

表4-35 当前PS电机的总提前期计算数据 （单位：小时）

	原材料准备	线圈绕组	定子嵌线	安装引线	定子绑线	定子浸漆	定子入机壳	底端盖装配	转子轴装配	电机装配测试	铭牌标签包装	发货准备	合计
周期时间：*C/T*		0.1	0.05	0.06	0.05	0.5	0.03	0.03	0.03	0.03	0.03		0.91
加工时间：VA=*P/T*		0.06	0.02	0.02	0.02	0.4	0.02	0.02	0.02	0.02	0.02		0.62
工序中非增值时间：*C/T–P/T*		0.04	0.03	0.04	0.03	0.1	0.01	0.01	0.01	0.01	0.01		0.29

续表

	原材料准备	线圈绕组	定子嵌线	安装引线	定子绑线	定子浸漆	定子入机壳	底端盖装配	转子轴装配	电机装配测试	铭牌标签包装	发货准备	合计
排队时间：*Q*/*T*	40	0.5	0.1	0.1	3.5	4.5	0.1	0.1	0.2	0.1	0.1	24	73.3
总非增值时间：NVA=*C*/*T*–*P*/*T*+*Q*/*T*	40	0.54	0.13	0.14	3.53	4.6	0.11	0.11	0.21	0.11	0.11	24	73.59
总提前期：*L*/*T*=*C*/*T*+*Q*/*T*	40	0.6	0.15	0.16	3.55	5.0	0.13	0.13	0.23	0.13	0.13	24	74.21

价值流图中的时间包括排队时间、周期时间、加工时间、总提前期，其定义如下所示。

（1）排队时间（*Q*/*T*）：前一道工序结束至后一道工序开始的等待时间，属于不增值时间（NVA）。

（2）周期时间（*C*/*T*）：某个活动从开始到结束所需要的全部时间。

（3）加工时间（*P*/*T*）：单纯用于加工活动的时间，也就是增值时间（VA），即 VA=*P*/*T*。

（4）总提前期（*L*/*T*）：工序个别活动周期时间的合计和各工序间存在的排队时间的总和。

总提前期=总周期时间+总排队时间，即

$$L/T=C/T+Q/T$$

（5）在制品：是指流程中等待处理的业务。

（6）过程循环效率（process cycle efficiency，PCE）：是用增值时间除以总提前期来计算的。

过程循环效率=（增值时间/总提前期）×100%，即

$$\text{PCE}=(\Sigma(P/T)/\Sigma(L/T))\times 100\%$$

根据过程循环效率的公式，可以计算出该厂当前的过程循环率

$$\text{PCE}=(0.62/74.21)\times 100\%=0.84\%$$

从价值流图 4-27 可以看出，该厂采用的是一种典型的推动生产方式，生产完全按照预测进行。由于预测的偏差以及对客户需求的不确定性，所以经常会出现生产与需求脱节的现象。虽然该公司拥有十几年的发展历程，在生产工艺方面投入了大量的人力物力研究生产节拍，改善流水线上的工序平衡，但是原材料从上游生产阶段流出，进入中间的在制品存储区，然后进入下游生产阶段，直至流到成品库，一只 PS 电机仍需要 74.21 小时才能交付客户手中，而其中的增值时间（VA）只有 37.2 分钟（0.62 小时），占全部时间的 0.84%。这个数字说明在当前价值流中存在大量的

不增值活动，因此要通过消除价值流中的浪费，设计一条更加合理的价值流，找到并立即消除不必要且不增值的活动，努力减少必要但不增值的活动，这样才能使该厂的价值流增加。

步骤 3：运用六西格玛技术和精益流动原则，分析工厂的价值流现状，并根据公司全业务流程中的浪费情况初步标出该厂 PS 电机的价值流图中的六个改善点，具体参见图 4-28 和改善点的描述。

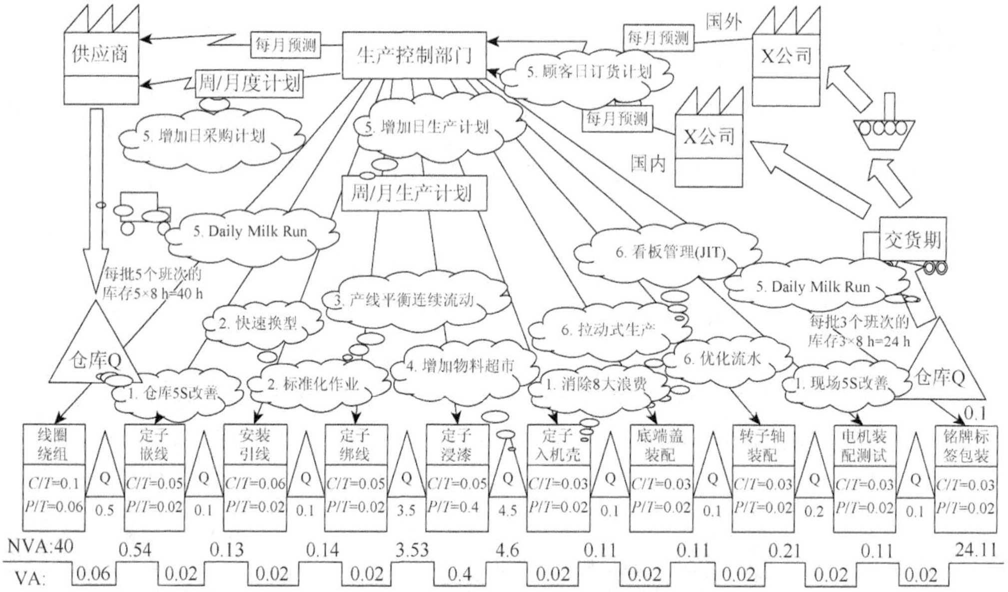

图 4-28 PS 电机价值流图中的改善点

（1）改善点 1：为了有效消除不增值的活动，在该企业推广“消除 8 大浪费”和“5S 管理”理念，整理整顿生产线和仓库，清除现场不必要的物品和在制品，采用定置管理和目视管理。

（2）改善点 2：规范生产线上每个工序的操作过程，制定标准化作业书，引入“全员质量管理”和“快速换型”等观念，提高工作站的生产效率和提升产品品质，尽可能减少各个环节上的必要但不增值的活动。

（3）改善点 3：遵循精益生产的流动原则，将创造价值过程的各个步骤流动起来，而所有的停滞视为浪费，研究优化各个工序之间的排列，发展连续流动生产方式。目前工厂可以在“定子嵌线至绑线”和“定子入机壳到包装”这两个生产区域，采用单件手动传输流水线，以缩短工序间的距离，降低工序间的大量在制品库存，争取最大化地展开各项增值活动。

（4）改善点 4：借鉴精益生产的拉动原则：在顾客（或下一道工序）需要的时间内得到他们所需要的产品，消除过早过量的投入，减少大量的库存和现场在制品，压缩生产提前期。针对工厂浸漆工序的批量生产形式，即每道挂架有 20 个挂具，浸漆后需要有 36 分钟的冷却时间，在这里引入“物料超市拉动系统”的概念，即在浸漆工序后设置一个“超市”即设置一个容量为 60 件的先进先出通道，通过下游工序从“超市”中取货而对上一道工序发出生产指令，采用取货看板和生产看板的流动来拉动生产。

（5）改善点 5：按照客户生产节拍，与客户签订日订货计划；同时增加工厂内部的日生产计划和对供应商的日采购计划，采用先进的物流运输方式——循环取货管理系统（daily milk run），可以大幅度降低库存量和减少排队等待时间，有效消除大量不增值的活动。比如，可将原来成品库中三天发货一次，即三个班次（24 小时）的存储量，降低为一天发一批产品，仅需备一个班次（8 小时）的库存量；原材料库存也能从原来的一周接货一次，即供给流水线上五个班次（40 小时）的供应储备量，减少为每天一个班次（8 小时）的库存量。

（6）改善点 6：在实施上述改善工作的基础上，优化整条生产流水线，建立产线平衡连续流动的平台，逐步实现公司全业务流程的看板拉动准时生产的目标。

步骤 4：汇集上述六个改善点，对 PS 电机流程的稳健性和过程能力进行改进，绘制改善后的价值流图 4-29。根据过程循环效率的公式，可以算出该厂改善后 PS 电机的过程循环率 PCE=（0.62/18.7）×100%=3.32%。也就是说，改善后生产一只 PS 电机的时间由原来的 74.21 小时缩短到 18.7 小时就能交付到客户手中，其中的增值时间 37.2 分钟，占全部时间的 3.32%，是改善前过程循环率的近 4 倍。

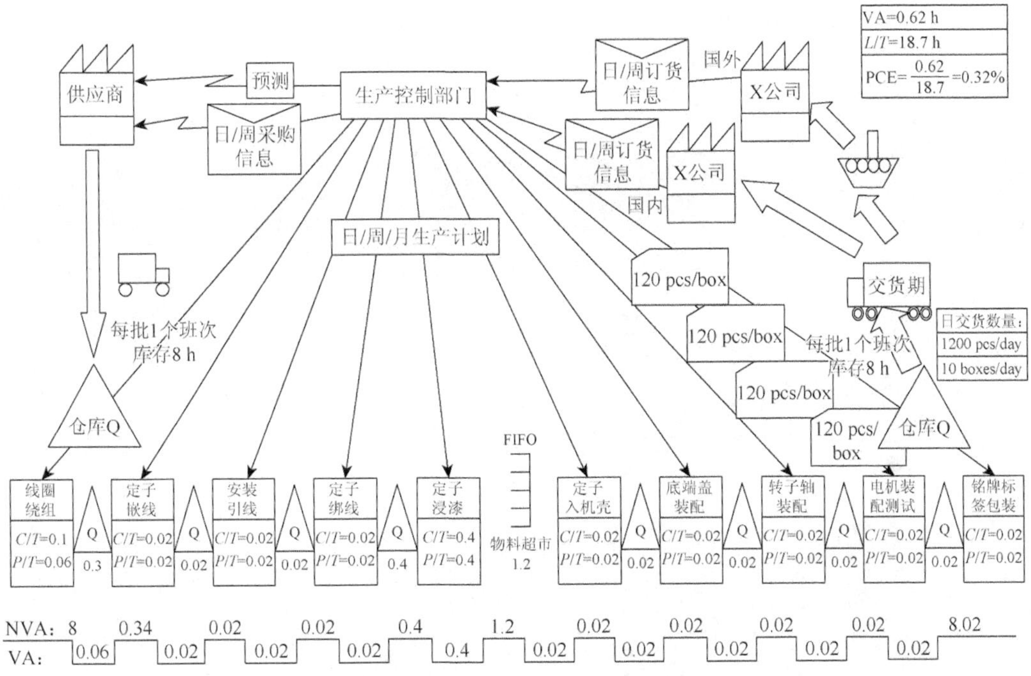

图 4-29　PS 电机改善后的价值流图

步骤 5：执行上述改善方案，总结改善成果，并将改善结果知识化，实施标准作业，构建监管系统，共享及传播成果。同时，参照同类加工业的过程循环效率——普通公司

PCE 为 1%左右，世界上最好的公司 PCE 高达 20%。这说明经过此次改善，该公司的过程循环效率由 0.84%提升到 3.32%，已高于普通公司的管理水平，但与顶尖公司相比，还有很大的提升空间，所以需要后续对改善实施中出现的新问题进行不断地总结，继续开发新的改善项目，如防错法、全面生产维护、产品流水线的自动化、柔性生产等，给下一个改善循环奠定基础，为公司进一步的提升做好准备。

第5章

精益管理

5.1 丰田模式的两大支柱：持续改善和尊重员工

精益管理中最重要的因素是人，杰弗瑞·莱克（Jeffrey Liker）在《丰田模式：精益制造的 14 项管理原则》一书中，将丰田模式总结成两大支柱：持续改善和尊重员工。丰田模式可以扼要地总结为两大支柱：持续改善和尊重员工。一般把持续改善称为直译自日语的“改善（kaizen）”，是丰田公司经营事业的基本原则，它挑战所有事，其精髓含义不仅是个人贡献的实际改善，更重要的是创造持续学习的精神、接受并乐于变革的环境。要创造这种环境，就必须尊重员工，这就是丰田模式的第二个支柱，丰田公司以终身雇佣制向员工提供就业保障，通过促使员工积极参与改善达成团队合作。

丰田生产模式是讲究以人为核心的、完整的生产体制，其根本是着重于支持与鼓励员工持续改进他们的工作流程。不幸的是，许多谈论精益生产的书籍把丰田生产方式误解为提高作业效率的一套工具，致使这些工具迷失了目的，也忽略了丰田生产方式以人员为核心的精髓。更广义、全面地来看，丰田生产方式其实是应用丰田模式的原则。其最初的重心放在工厂作业上，但事实上，其原则涉及更广泛的层面，它还应用于工程、企业服务等操作流程。

本章所提供的精益生产管理的方法，主要关注于如何激励员工，如何让员工发现问题并及时地解决问题。

丰田公司高速发展的秘密就在于人即优秀的人才。前面讨论过的丰田公司准时化生产、看板管理、全面质量管理、质量管理小组、合理化建议制度、以消除浪费为核心的合理化运动和改善活动、生产的分工与协作等，所有这一切都离不开人的直接参与，都离不开具有积极性、主动性、创造性和冲天干劲的人。丰田公司的成功充分体现了“事业在于人”这一经营管理哲理。有人说，“丰田公司不仅出汽车，也出人才”。实质上，丰田公司是“造物先育人”，而培养人正是为了制造汽车。丰田公司就是通过教育，培养有知识、有能力、有干劲、有敬业精神的人来消除汽车生产经营过程中的各种难以预料的不利因素的影响，从而实现准时化生产，实现生产系统的柔性，以不变应万变的。可见，通过企业教育来培养丰田式的人才，这是丰田准时化生产方式的又一个重要支撑。

丰田公司把企业教育作为公司人事管理工作的重要内容。通过有计划地实施企业教育，丰田努力把公司各个层次的工作人员都培养成具有独立工作能力、充满干劲和独特风格的丰田式人才。他们曾经对此做过如下表述。

（1）事业在于人。任何工作、任何事业要想大力发展，打下坚实的基础，最为重要的一条就是造就人才。

（2）员工不单纯是提供劳动的人，员工也是我们资本的一部分。

（3）事业成败的关键在于人谋。不论优良产品的制造，还是销售收入的提高，其长远有效的方法莫过于造就卓越的人才。

（4）全体从业人员是公司最宝贵的无形资产，公司应妥善照顾。

可见，尊重人性这一思想是丰田公司人事政策的纲领，尽管丰田集团各成员企业在业务性质、企业文化以及企业教育上不尽相同，但在“尊重人性”这一思想认识上却是完全一致的。

特别指出的是，丰田公司尊重人性以及由此而生发出对人的教育和培养，其直接结果就是形成了以“忠诚于丰田”为认识核心的强大的企业凝聚力，而且这种凝聚力所结成的一个团结一致的员工整体，正是与丰田准时化生产方式及看板管理所要求生产体系整体化实施相一致的！这就是说，一个团结一致的员工整体，是保证丰田生产方式及看板管理在生产体系整体上实现的必不可少的基础。

企业的一切活动都离不开人的参与。因此，尊重人性，调动人的积极性，增强员工的自主精神和责任感，贯穿于丰田生产过程的始终。

5.2 督导人员训练

5.2.1 督导人员训练产生的背景与发展

TWI（training within industry）即督导人员训练，或现场管理培训；是一套针对主管设计的成熟课程，被欧、美与日本等先进国家广泛应用。

在第一次世界大战期间，美国航运局紧急舰队急需制造大量船只，因为造船工人数量 10 倍的增长，只能招收到大量没有任何经验的工人，而这些人亟待培训，所以他们实施了一项支持造船工人的紧急培训。查尔斯·艾伦曾是个专业的导师，他在第一次世界大战中发展并演说了他的有效指导四阶段的方法观点。所以当时艾伦被紧急舰队要求领导培训项目的建立，给船厂的工人提供大量的培训。可以说查尔斯·艾伦是督导人员训练的先驱。

第二次世界大战期间，盟军急需战争产品供应。很多公司收到了对于现有产品和新产品不断增长的订单需求，渐渐地这些订单已经超过了这些公司的响应能力。很明显地，如果美国参战，那么这样的情况将更加严重。TWI 公司在这种情况下开始成立，组建了一个全国范围的工业专业人士网络，向军需品制造商传导宝贵的方法，帮助美国提高生产水平以满足各个工业不断增长的需求，并已经证明其在世界大战中给美国提供了无价的工业支持。表 5-1 为实施督导人员训练的工厂效果数据。

表 5-1　实施督导人员训练的工厂效果数据

主要指标	工厂上报数据							
	月份	5 月	6 月	7 月	8 月	9 月	10 月	11 月
	年份	1943	1943	1944	1944	1945	1945	1945
产量增加		37	30	62	76	64	63	86
培训时间减少		48	69	79	92	96	95	100
劳动力节约		11	39	47	73	84	74	88
废品减少		11	11	53	20	61	66	55
员工不满减少		—	—	55	65	96	100	100

资料来源：War Production Board，Bureau of Training，Training Within Industry Service，September 1945，The Training Within Industry Report：1940-1945，（Washington D.C.：U.S. Government Printing Office）：92.

他们当时的培训就是用查尔斯·艾伦的四阶段方法，并将这个方法发展成为了督导人员训练服务方法。

查尔斯·艾伦的四阶段方法是督导人员训练培训项目的基础。

第一个阶段，准备，集中在学习者的准备情况上，即他们过去的经验和将要学习课程的联系。即使学习者没有任何工业相关经验，一个好的指导者会用一个合适的比喻或故事把需要培训的课程和学习者了解的知识联系起来。艾伦强调即使在传授最简单的技能的时候，准备也是使指导更有效的关键。据陈述结合过去的经历进行教导，不论简单的还是间接的经历都可以指导学习者的思想并引起学习者的兴趣。或许因为这个，艾伦在几个章节中都阐述了获取学习者兴趣的方法。

第二个阶段，演示说明，用艾伦的一句话说就是“指导他去‘获取’新的主意，即指导者想要演示给学习者已经了解的知识”。演示被分成许多小部分的信息，每部分只是一次课程的一小部分。指导者必须保证不能一次性传授太多的信息，这样就可以讲授每个要点。演示的步骤是一个在课程开始前就组织好的流程，以实现课程的最好效果和鲜明的主题。演示流程的发展是从各种方法中选择出来的，如本书中描述的，会基于工作的类型和学习者的个性特征进行制定。最好的演示方法的有效发展取决于指导者以下几个方面的技能：选择合适的方法，组织课程要点，强调最重要的部分。

第三个阶段，应用，是学习者可以“尝试”的阶段。学习者也许已经正确地了解了相关知识（第一个阶段）并且指导者也做了很好的演示说明（第二个阶段），问题是新的知识是否可以被应用。艾伦在他的第三个阶段中强调：如果学习到的东西没有实际应用或者正确应用，学习的知识就是没有任何价值的。应用的步骤包括以下两个目的。

（1）因为应用知识和了解知识是完全不同的，所以学习者必须在应用中受训，或者把学习到的知识转化为实践。

（2）检查学习者对学习课程的掌握程度。艾伦强调的另一个要点是无论多好的课程，也总是会出现失误，而在本阶段中需要把失误改正过来。

第四个阶段，测试，即让学习者自己在没有指导者帮助的情况下完成操作，但是指导者需要在旁边观察。若学习者没有独立地完成作业，则是因为指导者没有用正确的方法指导学习者。教导必须改进并重新开始。他强调，如果所有的课程步骤都已经很认真地、合适地实施，那么学习者不会在测试阶段无法独立完成作业。如果没有完成，那么所有的过错都在指导者。艾伦解释说这种情况很常见，而且好的指导是很不容易学习的。实践经验是发展一个好的指导者的重要部分。可以让学习者顺利地在这四个阶段中就能完成作业的指导者是很稀缺的人才。最后的这个阶段不仅是测试学习者的阶段也是测试指导者的阶段。

艾伦的四阶段方法是一系列方法的组合，每个方法都依赖前一个阶段的顺利实施。艾伦解释并指出四阶段方法是一系列“一点课程”的集合，“一点课程”是现在很多公司运用的精益原则或日本管理方法的重要部分。课程的每部分必须拥有独立的主题，但同时又可以组织在一个完整的课程中使学习者可以理解。艾伦在他的书中只用了四章描述了对四阶段的解释，其他所有的章节几乎都在阐述观点、原则、案例、流程，阐述如何理解、准备、发展和教授这四个阶段，以及如何成为一个好的指导者。

督导人员训练是在第二次世界大战结束时由美国俄亥俄州引入日本的。曾在美国战争期间担任督导人员训练指导员的 Mellon 领导这一项目。他的工作是在日本教导督导人员训练课程并同时实施倍增原则。Mellon 和另外三个指导员一起用了 6 个月，培训了 35 个“指导员大师”并给倍增原则奠定了基础。在 Mellon 离开后，一些政府机构继续在日本工业中传播督导人员训练培训。截止到 1995 年，大约已经有 100000 个督导人员训练认证的指导员。这个数字并不能如实反映接受培训的人数，因为很多接受认证培训的指导员在培训后回到了他们自己的公司去建立公司内部的督导人员训练项目。比如，丰田公司就实施了 TTWI，即丰田 TWI（Toyota training within industry）。

现在许多经验丰富的日本公司执行长都是战争期间的年轻学者，他们那时开始负责重建他们的工业。他们受过培训并受到了督导人员训练项目的影响，把传播这些方法作为他们一生的职业，督导人员训练在日本工业管理中的渗透以及影响直到今天还在继续。

5.2.2 督导人员训练培训的重要性与内容

企业中的一线管理人员（督导者），他们的知识技能水平直接影响企业发展状况。督导人员训练培训通过班组长角色转换、工作教导技能、改善技能、用人技能和工作安全等方面对一线管理人员进行教导，使之能够高效地指导一线操作员工，从根本上解决生产中的各种问题，达到生产效率提高、品质改善、成本控制的企业目标。

5.2.3 督导人员训练的特点

（1）高度定型化、标准化，具有很强的可复制性。

（2）把现场的问题和实习素材带入教室，通过讨论和实际操作进行，具体、实践性强。

（3）比起知识更强调技术，比起“应知”更重视“应会”。

（4）讲义通俗易懂，有速效性，易于执行。

5.2.4 督导人员必备的五个条件

督导人员训练的三个不同部分工作指导（job instruction，JI）、工作改善（job method，JM）和工作关系（job relationship，JR），直接来源于第二次世界大战期间督导人员训练创立时提出的优秀主管五种需求模型。

（1）工作上的知识：有关业务方面的专门知识，如有关材料、机械、工作方法及必要技能的知识。对于本身的工作，即使是从事固定的工作，也必须努力使知识一天比一天增加，当工作变更时，当然需要运用到新的知识。

（2）职责上的知识：关于职务及责任的知识，也就是一位督导人员应该了解公司的方针及各项管理规章制度，从而知道本身的权限和责任。以上两种知识，因工作场所而有不同的内容。所以，督导人员对本身工作场所的职务及责任必须有充分而明确的知识。

（3）教导的技能：训练作业员，帮助其成为优秀人才的技能。学得此种技能，既可减少浪费、重工和不良品的产生，又可增长机械及设备的寿命。

（4）改善的技能：一种将工作内容细分研究，加以简化，又制定便于操作的顺序，或较易装配的技能。有此种技能，有助于更有效地利用材料、机械、劳力。

（5）领导的技巧：改进人与人之间的关系，使部属乐于同心协力的技巧。对于工作职场人际关系的问题，皆能事先防患于未然，或事后予以适当的处理。

前两种需求主要关注知识的类型，而后三种需求则主要关注技能的类型。

5.2.5 “J”部分的四步法

督导人员训练作为提高现场主管管理能力的基础课程，将对主管的培训分为三个部分，即工作指导、工作改善和工作关系。其中，工作指导指出教导员工快速学会正确、安全并尽责地做好工作的方法；工作改善则是探讨最佳地利用目前可用的人力、材料和机器在更少的时间内生产出更多的高质量的产品的方法；而工作关系则探究在主管和下属之间以及在整个企业内培养良好的员工关系并有效维持的方法。它们的共同特点是每个部分都分成四个步骤，称为四步法（表 5-2），这使得主管更容易选择以及迅速地实行每一个方法。

表 5-2 基于科学方法的“J”部分四步法

步骤	工作指导	工作改善	工作关系	科学方法
1	安排员工	中止工作	获取事实	观察：确定问题及其原因
2	介绍操作	询问各个细节	权衡与决策	假设：提出一种可能的解释或解决方法
3	演示	建立新方法	采取行动	测试：收集信息（数据）并对假设进行检测
4	跟进	推行新方法	检查结果	结果：对测试结果进行解释以确定假设是否正确
				结论：确立一个他人能够独立评价的结论（启动进程）

1. 工作指导

如何做好指导的准备工作？

指导开始之前，制作训练预定计划表：训练谁？训练何种工作？何时完成训练？

对工作进行分解，列出主要步骤，明确具体的要点（最重要的是安全第一）（表 5-3）。

表 5-3　工作分解表

序号	重要步骤 （将工作按逻辑分割为一系列步骤）	关键点 （步骤中所有可能导致工人受伤、中断工作、简化工作的内容）
1		
2		
3		
4		
5		
6		
7		
8		
9		
10		
11		
12		
13		
14		
15		
16		
⋮		

准备好一切所需物品：准备必要的设备、工具和材料等。

整顿工作场所：为作业人员准备好便于掌握、易于遵守的作业环境。

工作指导的四阶段法。

第一阶段，学习准备。①使学习者轻松愉快；②告诉他将做何种工作；③了解他对这项工作的认识程度；④激发他学习这项工作的兴趣；⑤使他进入正确的学习位置。

第二阶段，传授工作。①将重要步骤，一步一步地讲给他听，做给他看，明确强调关键点；②清楚、完整、耐心地指导，说明要点的理由；③注意不要超出他的理解能力。

第三阶段，尝试练习。①让他试做，然后纠正错误；②让他边做边说出重要步骤；③让他边做边说出关键点；④让他说明要点的理由，并确认他完全掌握。

第四阶段，检验成效。①安排他开始具体工作；②指定可以帮助他的人；③经常不断地检查；④鼓励他提出问题；⑤逐渐减少指导的次数。

详见工作指导卡片（图5-1）。

工作指导	
如何**准备指导**	如何**指导**
指导开始之前需要如下准备工作	第一阶段——学习准备
	使学习者轻松愉快
制定培训时间表	告诉他将做何种工作
培训对象是谁…	了解他对这项工作的认识程度
培训何种工作…	激发他学习这项工作的兴趣
何时是截止日期…	使他进入正确的学习位置
	第二阶段——传授工作
分解工作	将**重要步骤**，一步一步地讲给他听，做给他看，明确强调**关键点**
列出重要步骤	清楚、完整、耐心地指导，说明要点的理由
选择关键点	注意不要超出他的理解能力
至关重要：明确关键点并快速将其选择出来	第三阶段——尝试练习
安全第一！	让他试做，然后纠正错误
	让他边做边说出**重要步骤**
准备好一切所需物品	让他边做边说出**关键点**
必要的设备、工具和材料以及一切有助于指导进行的物品	让他说明要点的理由，并**确认他完全掌握**
	第四阶段——检验成效
整顿工作场所	安排他开始具体工作
	指定可以帮助他的人
	经常不断地检查
如果工人没有学会，指导毫无意义	鼓励他提出问题
	逐渐减少指导的次数

图5-1　工作指导卡片

2. 工作改善

工作改善是通过有效地使用现有的人力、机器及材料，用最短的时间生产最多的优质产品的有效方法。

第一阶段，分解作业。①把现有方法的全部细节，毫无遗漏地详细记录下来；②搬运作业、机械作业、手工作业构成了全部的细节（表 5-4）。

表 5-4 工作改善分解表

作业：		产品：	部门：
姓名：		作业者姓名：	日期：
序号	现有方法详细步骤	标准工作量	构想
1			
2			
3			
4			
5			
6			
7			
8			
9			
10			
11			
12			
13			
14			
…			

第二阶段，对各细节进行自问。①进行下列自问：为什么它是必要的？它的目的是什么？在哪里做好呢？何时做好呢？谁是最适合的呢？怎么做最好？②同时对下列项目进行自问：材料、机器、设备、工具、设计、配置、动作、安全、整理、整顿。

第三阶段，构思新方法。①去除不需要的细节。②尽可能合并细节。③按照好的顺序重组细节。④简化必要的细目。为了能更轻松、安全地作业，要把材料、工具及设备放置在适当的动作范围内的最佳的位置上，使用利用重力的供给装置及下降送出装置，有效地使用双手，用工装及安装用具来取代手的动作。⑤借助他人的力量进行思考。⑥记录新方法的细节。

第四阶段，实施新方法。①使上司接受新方法；②使部属接受新方法；③取得有关安全、品质、产量、成本的相关人员的最后的认可；④把新方法付诸工作，用到下次改善成功为止；⑤承认别人的功绩。

详见工作改善卡片（图 5-2）。

工作如何改善	
充分利用现有人力、设备、物料在尽可能短的时间内生产尽可能多的高质量产品	
第一阶段——分解作业 **毫无遗漏**地详细记录现有方法的**全部细节** 确保以下细节被考虑在内： √搬运作业 √机械作业 √手工作业	第三阶段——构思新方法 （**E**liminate）去除不需要的细节。 （**C**ombine）尽可能合并细节。 （**R**earrange）按照好的顺序重组细节。 （**S**implify）简化必要的细目。 为了能更轻松、安全地作业，要把材料、工具及设备放置在适当的动作范围内的最佳的位置上，使用利用重力的供给装置及下降送出装置，有效地使用双手，用工装及安装用具来取代手的动作。
第二阶段——对各细节进行自问 进行下列自问（5W1H）： （WHY）为什么它是必要的？ （WHAT）它的目的是什么？ （WHERE）在哪里做好呢？ （WHEN）何时做好呢？ （WHO）谁是最适合的呢？ （HOW）怎么做最好？ 同时对下列项目进行自问：**材料、机器、设备、工具、设计、配置、动作、安全、整理整顿**	第四阶段——实施新方法 使上司接受新方法。 使部属接受新方法。 取得有关安全、品质、产量、成本的相关人员的最后的认可。 把新方法付诸于工作，用到下次改善成功为止。 承认别人的功绩

图 5-2　工作改善卡片

3. 工作关系

主管通过部属取得成果、建立良好人际关系的基本要诀，是要告诉部属工作情形如何，明确部属应如何去做，指导部属如何做得更好，表现好时要及时表扬，注意发现与平时不同的出色表现，应能趁热打铁激励部属继续努力，对部属有影响的变动要事先通知，应该尽量说明变动的原因，设法使部属接受变动，充分发挥部属的能力，积极挖掘部属的潜在能力，绝不妨碍部属的发展前途，必须尊重部属的个人差异，设身处地为部属考虑。

工作现场问题的解决方法分以下四个阶段。

第一阶段，掌握事实。①调查了解迄今为止的全部事情经过；②明确有哪些规则与惯例；③与有关人员交谈；④了解其想法与心情；⑤要掌握全部事实经过。

第二阶段，慎思决定。①整理全部事实情况；②分析事实的相互关系；③考虑可能采取的措施；④确认有关规定与方针；⑤明确其对目的、本人、团队及生产的影响；⑥切忌急于下结论。

第三阶段，采取措施。①是否应由自己来完成；②需要哪些人的协助；③是否要向上级报告；④注意采取措施的时机；⑤不要推卸责任。

第四阶段，确认结果。①应在何时确认；②要确认几次；③成果、工作态度、相互关系是否得到了改善；④措施对生产（工作）是否有利；⑤是否达到了目的。

工作关系卡片详见图 5-3。

工作关系	
管理通过人取得成果	如何解决冲突
良好关系的基础	**第一阶段——掌握事实**
	1. 调查了解迄今为止的全部事情经过
让每个人知道如何相处	2. 明确有哪些规则与惯例
3. 弄清你对他人的期望	4. 与有关人员交谈
5. 指出提升的方法	6. 了解其想法与心情
	7. 要掌握全部事实经过
	第二阶段——慎思决定
	1. 整理全部事实情况
到时兑现承诺	2. 分析事实的相互关系
3. 发现不同寻常的表现	4. 考虑可能采取的措施
5. 趁热打铁告诉当事人	6. 确认有关规定与方针
	7. 明确其对目的、本人、团队及生产的影响
	8. 切忌不可急于下结论
	第三阶段——采取措施
提前告诉人们变革对他们的影响	1. 是否应由自己来完成
2. 如果可以则告诉他们原因	3. 需要哪些人的协助
4. 共同工作接受变革	5. 是否要向上级报告
	6. 注意采取措施的时机
	7. 不要推卸责任
	第四阶段——确认结果
充分利用每个人的能力	1. 应在何时确认
2. 寻找尚未被充分利用的能力	3. 要确认几次
4. 不要阻碍任何人	5. 成果、工作态度、相互关系是否得到了改善
每个人都必须被当作独立个体来对待	6. 措施对生产（工作）是否有利
	7. 是否达到了目的

图 5-3　工作关系卡片

5.3　A3 报告——结构化的问题解决

5.3.1　A3 报告背后的理念——PDCA

A3 报告源于丰田，因为写在一张 A3 纸上而得名。A3 纸是 11 英寸×17 英寸（1 英

寸 = 2.54 厘米）大小的纸张，丰田公司要求将一份报告的所有内容都放在一张 A3 纸的一面，最初的解释是这是当时能够用于传真机的最大的纸张。

A3 报告是丰田汽车公司创造的一套标准的有效解决问题以及培养和提升员工改善能力的有效工具。丰田向所有员工灌输的这种作为持续提升工具的问题解决方法，源于几十年前丰田公司从质量控制大师爱德华兹·戴明（W. Edwards Deming）那里学到的 PDCA 理念，即计划（plan）、实施（do）、检查（check）和处理（act）。该方法论最初由贝尔实验室的沃尔特·休哈特（Walter Shewhart）在 20 世纪 30 年代开发出来，并由戴明发扬光大，这个方法论就叫“PDCA 循环”或“戴明环”。目前，这个方法已经成为丰田公司文化密不可分的一部分。PDCA 结果的报告方法被广泛地称为“A3 报告”。

PDCA 循环是高度概括的持续改善的方法论，是 A3 思维背后的根本理念。这个循环的第一个步骤是计划，在这一步，问题的解决者对出现的问题或机遇进行全面的分析，从尽可能多的角度进行定量或者定性的分析，查找根本原因，设计一个或多个纠正问题或抓住计划的办法，并制订实施计划。在实施阶段，实施上一个阶段制订的计划。检查阶段需要评估计划的实施效果，将这些效果与既定目标或预期结果进行比较。处理指的是若检查后发现其结果达到了目标，则将新的流程、解决方案或系统确定为标准流程、标准解决方案或标准生产方式；反之则采取纠正措施。PDCA 循环完全遵循科学步骤：计划是提出一种假设或实验性方案；实施是做实验；检验是收集测量数据；处理是解读结果，采取相应的措施。

5.3.2　问题解决型 A3 报告

A3 报告是一种强大的工具，为执行 PDCA 管理确定了一个清晰的架构。A3 报告根据目的的不同，可以分为问题解决型 A3 报告、提议型 A3 报告和状态型 A3 报告。本书中的 A3 报告主要讲述问题解决型 A3 报告。

A3 报告主要由八个部分组成。

（1）主题。每一个 A3 报告都有一个主题，这个主题客观地描述了该报告要解决的问题，让读者知道整个报告要讲述的主要内容。如减少加工车间的废料，提升某设备的利用率等。为了保证客观的立场，报告的主题必须专注于观察到的问题，而不应主张某种解决方案。

（2）背景描述。确定主题后，还应在报告中写出对认识该问题的程度和重要性的所有背景信息。在写背景信息的时候要注意三个方面。首先，必须清楚地了解该报告的读者，包括读者的背景和信息需求。其次，描述问题背景的时候一定要与公司的目标相联系。如果 A3 报告与公司目标没有任何联系，那么就会认为在浪费时间解决一个对公司发展无关紧要的问题。最后，报告的作者还应考虑如何用图表，而不是单纯地用文字来介绍问题背景。

（3）当前情况和问题描述。这是 A3 报告中最重要的部分，其目的是用简洁的方式介绍当前的情况，可以运用直观的图形描述产生问题的系统或流程的重要元素，避免直白的文字描述或重点的罗列。优秀的 A3 报告应该能将当前的情况描绘成一幅清晰的示意图，而不是简单地陈述对问题性质的看法。

（4）目标描述。对于问题型的 A3 报告，目标描述需要解决两个根本问题：一是在报告的实施即将完成之际，如何评判该项目是否成功；二是比较的标准或者标杆是什么。简单的案例只有一个评价标准，而复杂的问题则需要考虑多个标准。同时还要考虑如何收集数据，以便后期评估和检查任何措施的实施效果。

（5）根本原因分析。根本原因的分析可以用到质量七大工具，另外一个常用的技巧就是“五个 Why”，连问五次为什么，一层层地深入挖掘其中的因果关系，从而找到问题的根本原因。在实践中，真正的问题往往是由多个原因造成的，或者原因隐藏得很深，运用五个为什么或者质量七大工具还不能直接挖掘出来，这时可以运用六西格玛的相关分析工具，如实验设计（design of experiment，DOE）等找出影响问题的关键因子。

（6）对策。做出相应的措施列表，这个列表包括“什么”（问题的起因是什么）、“怎样”（它是怎么样调查或实施的）、“谁”（谁来负责这一对策）、“什么时候”（对策是什么时候执行）、“哪里”（对策是在哪里实施的）。

（7）检查、效果确认。几乎每一个问题解决型 A3 报告都有一个名为检查或效果确认的板块。检查或效果确认板块中，需要有两个关键点。第一是作者已经运用目标板块指出的，用于比较对策实施效果与目标状态的标准或基准，并验证了所有措施的有效性。第二是在检查板块里，报告的作者应该确定各措施和观察到的效果之间的因果关系。

（8）跟进措施。这是问题解决型 A3 报告的最后一个板块，它反映了 PDCA 循环的 A 即“处理（Act）”这一步骤（图 5-4）。跟进措施的目标是深入思考还需要对系统做什么变革来推进系统的持续改进，以及还需要做哪些剩余工作。在跟进措施中非常重要的一个内容是需要考虑采取什么措施来保证对策可以带来持续的收获，或至少保持现在所取得的成果，防止问题的再次发生。另外，还要考虑还有哪些相关方需要了解这一改进，是否可以推而广之。图 5-5 展示了一个典型的问题解决型 A3 报告空白表格。

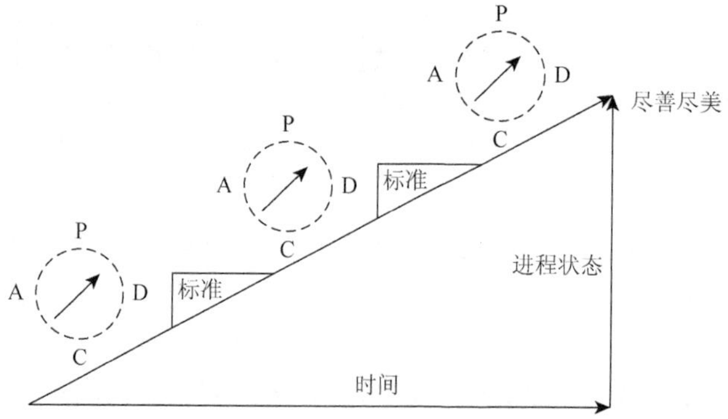

图 5-4 PDCA 以及标准化推进持续改进

5.3.3 A3 和辅导员工

每一份 A3 报告都有一个负责编写的人和一个指定导师（通常是报告作者的主管或经理），在 A3 报告的制作过程中，每一个阶段都需要作者和导师进行讨论，导师通过苏格拉底式的提问方式，引导作者完成 A3 报告。另外，导师需要同意恰当的计划后作者

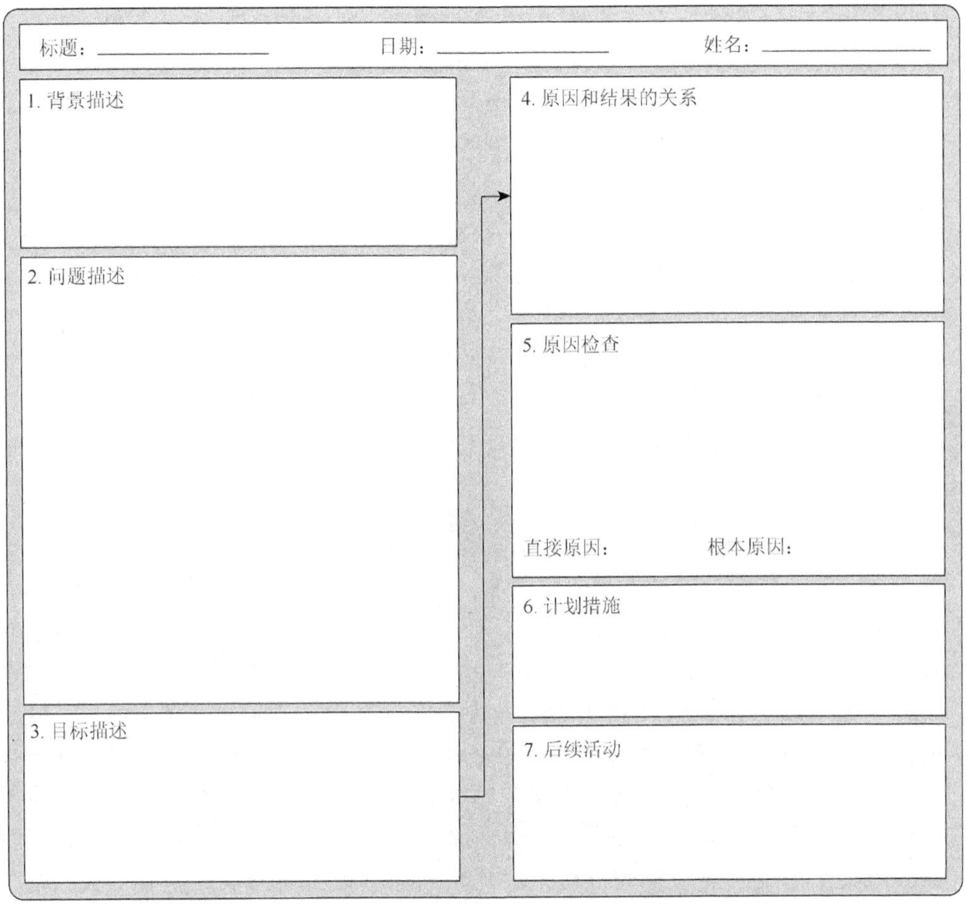

图 5-5　问题解决型 A3 报告空白表格

才可以开始实施，这也避免了资源的浪费，管理者无需等到报告完成再对报告进行评估。实施和效果确认后，报告作者和导师需要对结果进行检查，并讨论后续行动及总结经验教训。在这一解决问题的过程中，主管利用这个从“上司”到“教练”的机会，培养报告作者结构化解决问题的能力，鼓励作者发挥其领域内的优势，同时为作者提供合理的改善建议。A3 报告不是最终的目的，也不能仅仅看作解决问题的工具，而是培养员工、发展员工的一个很好的辅导方式。

➢案例 5-1　横梁装配

你在 A 公司担任持续改进流程（continuous improvement process，CIP）的顾问，A 公司是一家有 500 名员工的汽车零配件供应商。在装配线上的生产停线时间在过去的一周中从每班 30 分钟上升到每班 1.5 小时。因此，公司管理层提出“零缺陷—不妥协”的倡议。倡议中的一项内容就是培训员工问题解决的方法。作为 CIP 咨询师，你在问题解决方面有很丰富的经验。因此，你将协助你的同事处理过程中发生中断的情况。

今天装配经理把你叫到他办公室寻求帮助。由于装配线再次停线了。在一些情况下横梁的预装配不能满足客户所要求的14秒节拍时间。当前早班的平均节拍时间从12秒上升到了 13 秒。中断的发生导致在短时间内形成瓶颈。你和装配经理去到预装配的区域，区域经理、领班和装配员工已经在那里等着你们了。

领班向你介绍装配的流程。两种不同型号的横梁在这里装配，一种螺纹在左手边，另一种螺纹在右手边。这个零件在被小车运到总装前有4个工序。这里用带螺纹的杆将横梁拧到结构部件上。在总装的时候需要的是横梁套件。装配员工向你展示各用一个手将左右零件插入半自动设备中的方法。在插入零件后，他操作了一下装配的设备然后接着操作下个设备。

总装的节拍时间最近缩短了，因为在预装配这里发生的偶然停顿事件迫使总装时间必须缩短。考虑到当前情况，你建议团队使用 A3 报告的方法解决问题，并且在不同的区域走一圈从而能够从整个生产链的角度进行洞察。领班安排了一个人去装配，你去冲切区域（工序最开始的设备）。

1. 冲切

在整个加工过程中断料机是最老的设备。它安置在车间的一个被隔离开的角落。断料机的批量为10000件，节拍时间为4秒。通过使用渐进的模具和不同螺纹的套筒进行冲切与弯曲。

下一个道序是“滚齿”，这道工序被安排在靠近冲切机的地方（设备的转移是在上一次 CIP 活动的时候进行的）两个不同的螺纹同时进行加工。这道工序操作工将零件从完成品的车子中拿出来，放到滚齿设备的喂料带上面。这个工序完成后，设备将不同规格的零件区分到不同的出料带上，操作工有节奏地将他们从这些传送带上面取下来，放到他们身旁左侧和右侧的线框中。你看到操作工用托盘液压车将一筐装满零件的线框（800毫米×600毫米×400毫米）托到车间的角落。在加工区域你看到有很多这样的线框，这种情况比较混乱。你无法区分哪些零件应该放在哪里。你接下来去到下一道序——清洗工序。

2. 清洗

在这里你看到一个员工用行车（又叫吊车、天车，起重机的俗称）将很重的篮子吊到连续清洗机的传输带上。这里噪声很大，又热又潮湿。在这样的环境中你只有很靠近设备才能和他交谈。这里是线框的海洋，你看到无数的线框在设备周围，上面都是各种不同的零件号。你想让员工告诉你他今天首先干的是什么，他如何分配他的工作。你们之间只能靠喊才能听清楚对方的话。“我就洗马上要用的”，他告诉你，带有点不爽的感觉，然后将一个发运卡丢到刚刚洗好零件的框中。

退回到通道，你为了躲避一辆向你开来的物流车而跳开。这辆物流车用拖车进行测试。物流团队采购超市储存货架的推迟导致了生产的延误。他停在了清洗机旁。在设备操作人员给他一个指示后，他将一筐很重的零件放到拖车上，然后开向焊接区域。

3. 焊接

在焊接设备前停了下来，你观察左横梁与右横梁如何通过工件的支撑架同时进行运输。两个线框放置在靠近操作工的地方，然后操作工从中拿起一手的零件放在设备上。然后他用双手将工件一个接一个地放在运转车上。每一个横梁都需要有焊点以确保弯板的强度。然后，气动钳自动将两根横梁放置到特制的转运小车上。这些小车是在做“装配过程零件少量化提前配送”CIP项目中引入的。

4. 质检

新的质量要求每小时要检查 20 个零件的形状。生产总监向你解释，操作工在焊接工序完成后，要拿出20个横梁用于质检，将它们放到专门的质检容器中。

.质量保证员在每小时的最后从容器中拿出，并且将上一小时检测好的零件放回到超市储存货架上的小车上。

5. 半成品超市

这一区域的存储货架放置在机加工生产部门的最后一道工序处。其他零件也放在完成品超市中。另外一辆物流车从转角处过来，并且你观察了其他人的活动。首先他将一排空的小车放下来，然后将他们放置在靠近焊接区域标有放置空小车的区域。然后他将一个满的容器从储存货架上面拿下，丢在挂车上面发出一声巨响。你观察了几分钟，看到物流车驾驶员将运输框中的少部分零件倒入最前面的满框中，并且这样循环往复，你决定继续下去。

6. 预装配

返回到装配部门你看到，员工如果完成他们的工作，那么就用双手同时伸向放在地上的两辆他身边的放置左右不同零件的小车，然后用双手将零件放入设备中。突然他停了下来，转过身对着你生气地叫道“你看到他们把事情搞得有多糟糕了吗？”“首先他们将周期时间缩短然后就让我们自己面对这些问题！！这零件又不能放入到设备中了！这样我如何能够完成指标？”他恼火地将零件丢到了工作台上，拉了按灯绳——一个闪烁的灯，意思是需要帮助。整个早上好像都是这样，在他身边的领班说。等到这名员工稍微冷静下来，你再次观察了他的动作，你突然发现两个相同的零件在工作台上。“我们看到了过去几天发生的问题。”领班向你说道：“这种情况在我们开始一个新工作后经常发生，幸运的是防错装置可以确保相同的零件不能装配，而且不成对的不能提前传送。”

请使用 A3 报告进行问题解决。

（1）背景资料信息提供了你的目标团队和所发生问题与公司目标间的关系。你如何描述这些关系？你如何快速准确地描述这些背景？

（2）由于已经向你描述了情况，你现在非常了解加工流程。请在问题描述中陈述加工过程（用 A3 报告形式）。

（3）你现在站在识别可能问题原因的角度，在这个案例中你识别出哪些原因可能导致问题发生？

（4）在这个案例中只有一个原因点，你会应用哪些调查来验证四种可能？

（5）你认为过程中的目标是什么？

（6）你要将哪些人增加到问题解决小组？

（7）将混料的原因用鱼骨图进行目视化。
（8）你会应用哪些方法来检查你识别的原因，从而发现根本原因？
（9）当你应用 5W 方法时，你有什么经验？你认为这个方法的优势和劣势是什么？
（10）为什么彻底地解决一个问题需要基于发现根本原因？
（11）为什么要检查已经推出的对策的效率？
（12）你将如何应对对策不成功的情况？

5.4 全员参与的持续改善系统

5.4.1 丰田公司的合理化建议制度

1950 年，丰田英二开始借鉴福特公司的“动脑筋创新”制度，并于 1951 年 6 月设立本公司职员和工人可随时提出自己对公司的经营管理、技术革新等合理化建议的制度。开始时，每年收到的合理化建议仅 80 条左右，由于公司坚持不懈，引导得法，所以后来逐年上升。据统计，1983 年一年中职工提出的合理化建议达 165 万条。到 1984 年 6 月合理化建议累计数突破了 1000 万条。丰田规定凡是被采纳的合理化建议，其提出人将得到 500～20 万日元的奖金，33 年来丰田为此支付的奖金约为 100 亿日元。但是公司从大量采纳合理化建议中获得的利润更为可观，仅 1983 年一年就有 91 亿日元。2000 年合理化建议达到 65 万条，人均 11.9 条。

合理化建议制度在丰田公司称为“创造性思考制度”，与质量管理小组活动一样，丰田公司的合理化建议制度极大地促进了现场改善活动。

丰田公司认为，好产品来自于好的设想。因此，丰田公司提出了“好主意，好产品”的口号，广泛采用合理化建议制度，激发全体员工的创造性思维，征求大家的“好主意”，以改善公司的业务。“好主意，好产品”意味着全体人员都来施展自己的才华，以全体人员的聪明才智，生产出质量更好、价格更廉、顾客更喜欢的产品。

从表面上看，合理化建议制度的目的是征求大家的意见和改善建议，增强大家的参与意识。实际上，丰田公司的合理化建议制度的真正目的和所体现的精神就像“好主意，好产品”的口号一样，是通过公司全体人员共同思考和共同参与的改善活动及其直接效果，提高产品质量，降低生产成本，提高每个人自身的能力，创造出舒适的生产作业环境，追求生产现场的生机和活力，增强全体人员对公司的忠诚感和归属感，最终为公司的发展壮大作出贡献。

概括地说，丰田公司合理化建议制度具有如下特点。

（1）广泛性。丰田公司的合理化建议制度有着广泛的群众基础。公司的每个成员和每个质量管理小组都积极热情地参加合理化建议的改善活动。现场管理人员和小组负责人对自己部下所发现的问题和改善设想都给予认真与及时的考虑。

（2）规律性。丰田公司的各级合理化建议审查委员会都定期（每月）审查来自基层的改善建议提案，并且迅速公布审查结果，迅速实施被采纳的改善方案。

（3）相关性。在提案审查的过程中，使提案者与专业技术人员保持密切的联系。例如，如果改善提案涉及变更设计的问题，有关的设计师就会很快与提案者进行有关改善的共同研究。

（4）激励性。丰田公司积极倡导和鼓励合理化建议活动，对那些在合理化建议和改善活动中取得成绩、作出贡献的人员及小组给予物质与精神奖励，以激励全公司人员的改善热情，激发大家的聪明才智。

（5）持续性。丰田公司的合理化建议活动不是一朝一夕、一时一事的活动，而是持久的、连续不断的活动。事物在发展，现有的东西总要被新的东西取代。今天看来是合理的东西，也许过一段时间再看就是不合理的东西了，因此，改善无止境，合理化建议活动无休止。没有“最好”，只有“更好”!

5.4.2　合理化建议活动及其作用

1. 合理化建议活动的定义

合理化建议活动（在丰田公司称为创意功夫）是公司通过一定的制度化的奖励措施，引导和鼓励员工积极主动地提出并实施任何有利于改善企业经营品质、提高管理能力的革新建议、改进意见和发明创造等的改善活动。

合理化建议是指公司内的个人或团体在生产、技术、品质、材料、财务、管理等公司的全部活动中，把自己认为对公司有益的研究、发明、创造、改进、构思等都提出来写在创意提案用纸上。

一句话，只要是对公司经营有利的革新、改善、合理化建议都提出来，并书写在规范的提案报告书上，这就是一份提案。合理化建议活动鼓励提案者（个人或团体）自主实施。

2. 合理化建议活动的基本思想

合理化建议活动使个人能够为解决问题悉心钻研、提出方案、实施改善、实现目标、得到奖励、自我成长。

作为公司，则可以采取以下基本思想。

（1）开发个人能力：开拓个人发现问题的意识，改善并提高提案者的能力。

（2）创造易于劳动的工作场所：不断发现问题点，通过改善使劳动场所趋于完美。

（3）提高工作场所的活力：提案活动加强上下沟通（上司与下属，提案者之间）。

（4）创造出成果：通过改善使企业直接获得效益。

3. 合理化建议活动的作用和意义

突出改善效果：通过合理化建议活动能够改善作业方法，创造易于劳动的场所，降低成本，提高安全意识，提高品质，增强事务的合理化、高效率化。

员工能力开发：养成经常考虑问题的习惯，加强发现问题的意识，提高工作的主人翁责任感，提高成本意识。

提高人与人之间的交流：加强部下与上司的交流，加强横向交流，提高工作场所内的协作关系。

提高员工参与经营的意识：加强公司与个人的一体感，提高工作热情，勇于参加公司经营的实践，促进企业文化的形成。

问题表面化：使工作现场的问题能够及时暴露在表面，使用提案用纸作为现场问题的情报源，作为上下沟通、知晓问题、解决问题的起点。

提高工作现场的活力：提高工作场所人员的改善意识，提高集体配合的水平，提高改善活动的水平，创造无限生机的现场，改善氛围。

4. 创意提案活动的特点

创意提案活动有以下特点：①具有制度化的奖励措施；②鼓励创意提案的自主实施；③不限定提案内容；④提案格式标准化；⑤提案活动不能片面地追求所谓的经济利益。

5. 创意提案活动的四个标准化

创意提案活动四个标准化为：①提案格式的标准化；②提案等级评定办法标准化；③奖励办法、奖励金额标准化；④提案受理、处理流程标准化。

5.4.3 合理化建议活动实施

1. 成立创意提案管理委员会

（1）委员长：公司总经理。

（2）委员：各部门经理。

（3）职责：创意提案活动的状况研究、把握方向；公司提案活动总体方针、目标的策划；高等级提案的审查、评定等。

2. 创意提案活动事务局

（1）组织：指定管理部门组成（隶属委员会）。

（2）人员：专职的合理化建议专员。

（3）职责：委员会召开前准备公司提案活动的推进、检查等；总结活动状况、召开提案发表会议；创意提案书的处理；台账整理；审查、评定结果的联络等。

3. 各部门提案活动分会

（1）分会长：各部门经理。

（2）委员：部门主管。

（3）职责：部门内活动方针的展开；部门内提案书的审查；优秀提案选出、申报；低等级提案的奖赏等。

4. 各部门分会改善事务局

（1）人员由各部门经理任命。

（2）职责：部门内创意提案会议准备；部门内提案书回收、提案活动资料总结；为提案书审查做所需要的处理；提案奖金处理等。

各部门每月提案书回收：①回收日期在月末；②回收者为事务局；③事务局按部门整理、入档，制作台账（次月第 1 周）；④整理后，发回各分会（次月第 1 周）。

5. 各分会审查

（1）各分会委员接到返回提案后逐一进行审查。

（2）低等级提案经审查评价后交给基层部门（次月第 1 周）。

（3）高等级提案分会个别审查评价（次月第 2～3 周）。

（4）高等级提案审查评价后，将优秀提案报请事务局。

6. 委员会审查

（1）各分会将高等级优秀提案提交事务局。

（2）事务局组织委员会成员评审事宜。

（3）实施优秀提案评审（次月第 4 周）。

（4）事务局汇总评审委员意见后交各分会。

7. 审查结果统计

（1）各分会将所有提案的审查结果进行统计后上报公司事务局。

（2）统计上报时间（次月末）。

8. 提案台账的整理，活动结果的联络

（1）事务局将所有评价、得分情况通报各分会担当。

（2）分会改善担当将得分结果通知提案本人（次月末）。

（3）准备实施奖赏。

5.4.4　创意提案评价方法

确定有形效果，如降低成本、减少人员、减少工时、减少面积、减少损费、成本节减等。

确定无形效果，如更安全、更卫生、环境得到改善、提高了品质、树立了企业形象等。

另外，在评价合理化建议的时候还需要考虑以下几个方面。

（1）广泛性。①在本部门改善想法部分可以利用。②改善的想法可以直接利用。③在部内可以广泛利用。④在其他部门也可利用，方案可直接利用。⑤不同工种工序都可用，有商品化可能。

（2）构思性。①着眼点非常好。②持续性问题的解决方法有很好着眼点。③瞬间就能逃脱的问题的着眼点非常好。④自己部门内没有类似的问题（瞬间）。⑤谁也没注意到问题着眼点（公司）。

（3）独创性。①对方案的评价较低，但有见解。②与以前的想法结合起来有很好的见解。③有一定的见解和创意，而且有进步性。④有相当的见解和创意，而且有进步性。⑤有出色的见解和创意，而且有创新性。

（4）努力度。①努力得到认可。②在实施中非常辛苦，尽了很大的努力。③长时间，非常辛苦，尽了相当大的努力。④克服许多困难，尽了相当大的努力。⑤克服极其不利的条件，付出辛苦和努力。

（5）创意提案奖励基准。①设立奖励的基准，并设定奖励金额。通常奖励根据对公司的贡献度而定，奖励金额由几十元至上万元不等。如表 5-5 所示。②奖金计算需要综合考虑多方面因素。例如，提交的建议是否是在自己的决策范围内；此提案的解决方案是自己或小组得出的，还是来自管理者的授权；之前公司内是否有员工提交过类似的建议等。

表 5-5 根据建议等级制定的奖励标准实例

等级	参考标准	奖励金额/元
1	关于细小改进以下方面的建议，例如： 日常事务； 工作区域的整洁和清洁	30
2	关于细小改进以下方面的建议，例如： 本工作岗位的工作； 单一要素的质量； 单个/多个工作岗位的工作流程	50
3	关于明显改进以下方面的建议，例如： 本工作岗位的工作； 办公流程之间单一要素的质量； 劳动保护/环境保护	100
4	关于明显改进以下方面的建议，例如： 工作区域单个/多个工作岗位的工作流程； 产品/业绩表现方面细节上的质量； 一个/多个工作岗位经常发生的不合格	150
5	关于显著改进以下方面的建议，例如： 工作区域单个/多个工作岗位的工作流程； 单个产品/服务的质量； 劳动保护/环境保护； 对外部具有一定效应的建议	200
6	对于特别的改进	＞200

在合理化建议活动的运作方法上，要注意以下几方面的内容。

（1）解决认识问题。例如，对合理化建议数量与质量的关注，对分内与分外工作的判定，评判结论的公正性等。

（2）要突出行动意识。合理化建议需要全员参与，领导要起到表率作用；领导要到现场进行指导，合理化建议要及时跟踪，及时验证，及时奖励。

（3）氛围与宣传。活动要营造一种良好的改善氛围，能让员工从中体验到成就感，同时提供相互学习和借鉴的园地，营造全面改善的公司面貌，展示企业积极向上的文化。

（4）激活与原则。原则上不拒绝任何提案，激励措施及相应承诺要及时兑现。

5.4.5 对合理化建议的判定

针对哪些建议是合理化建议，哪些不是合理化建议，企业需要有明确的定义。

总的来说，能让工作变得简易或者让工作更有效率的建议，能提高公司经济价值、能节约成本、费用、投资的建议，能改进工作安全性和可操作性的建议，以及对环境保护有关的建议都属于合理化建议。

同时也要明确哪些不是合格的合理化建议，比如，只提到现实存在的困难或者问题或者某种值得改进的状况，但没有解决方案的；有关偶然性的失误，或者不符合相关规则、条例的错误行为的建议；为个人利益而提的建议或者因为委屈而提的申述；与以前提过或者接受过的建议类似的；内容泛泛的建议，不明确提出什么应当被改进，如何实施以及实施后对企业有何贡献的建议。

第6章

精益生产与智能制造

6.1 智能制造是工业4.0及中国制造2025的核心

6.1.1 工业4.0及中国制造2025的提出

2013年4月的汉诺威工业博览会上，由欧洲最大的应用科学研究机构弗劳恩霍夫应用研究促进协会、德意志国家工程院以及西门子公司等建议和推动，“工业4.0”项目得以正式发布。

这一战略规划称为“工业4.0”，是源自德国人对人类三次工业革命的称谓。18世纪60年代，人类社会发生了以蒸汽机为代表的第一次工业革命，大机器生产取代了手工劳动；19世纪70年代，自然科学开始同技术生产紧密结合，电力得到广泛应用，人类进入电气时代，这便是人类的第二次工业革命；从20世纪50年代起，原子能技术、航天技术、电子计算机应用、人工合成材料、分子生物等取得了重大突破，科学技术有力地推动了人类生产力的进步，形成了所谓的第三次工业革命。三次工业革命，德国人分别将其称为工业1.0、工业2.0和工业3.0。在德国人心中，此次的制造业技术革新是制造领域的颠覆性革命，具有划时代的意义，堪为第四次工业革命，故称为工业4.0。图6-1为从工业1.0到工业4.0的划分。

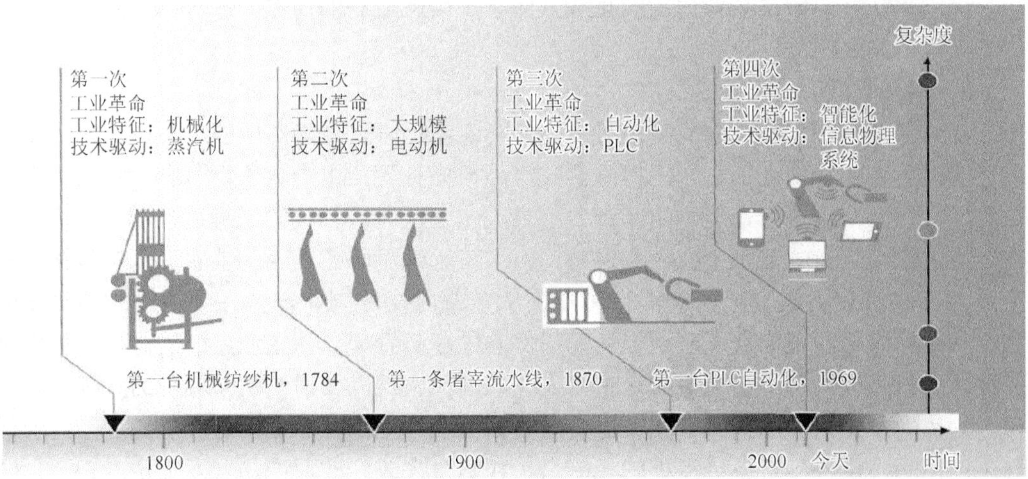

图6-1　从工业1.0到工业4.0的划分

1. 工业 4.0 的主要特征

工业 4.0 中的三项集成包括：纵向集成、横向集成与端到端的集成。工业 4.0 将无处不在的传感器、嵌入式终端系统、智能控制系统、通信设施通过信息物理系统（cyber-physical system，CPS）形成一个智能网络，使人与人、人与机器、机器与机器以及服务与服务之间能够互联，从而实现横向、纵向和端到端的高度集成，集成是实现工业 4.0 的重点，也是难点。

1）纵向集成

纵向集成（图 6-2）不是一个新话题，企业信息化发展经历了部门需求、单体应用到协同应用的历程，伴随着信息技术与工业融合发展常讲常新，换句话说，企业信息化在各个部门发展阶段的里程碑，就是企业内部信息流、资金流和物流的集成是在哪一个层次、哪一个环节、哪一个水平上的集成，是生产环节上的（如研发设计内部信息集成），还是跨环节的（如研发设计与制造环节的集成），还是产品全生命周期的（如从产品研发、设计、计划、工艺到生产、服务的全生命周期的信息集成）。简单点说，纵向集成就是解决企业内部信息孤岛的集成，工业 4.0 所要追求的就是在企业内部实现所有环节信息无缝衔接，这是所有智能化的基础。

图 6-2　纵向集成

纵向集成主要解决企业内部的集成，即解决信息孤岛的问题，解决信息网络与物理设备之间的联通问题。

2）横向集成

横向集成（图 6-3）是企业之间通过价值链以及信息网络实现的一种资源整合，是为了实现各企业间的无缝合作，提供实时产品与服务。在市场竞争牵引和信息技术创新驱动下，每一个企业都在追求生产过中信息流、资金流、物流的无缝链接与有机协同。在过去，这一目标主要集中在企业内部，但现在远远不够了，企业要实现新的目标：从企业内部的信息集成到产业链信息集成，从企业内部协同研发体系到企业间的研发网络，从企业内部的供应链管理到企业间的协同供应链管理，从企业内部的价值链重构到企业间的价值链重构。横向集成是企业之间通过价值链以及信息网络实现的一种资源整合，为实现各企业间的无缝合作提供实时产品与服务，推动企业间研产供销、经营管理与生产控制、业务与财务全流程的无缝衔接和综合集成，实现产品开发、生产制造、经营管理等在不同的企业间的信息共享和业务协同。

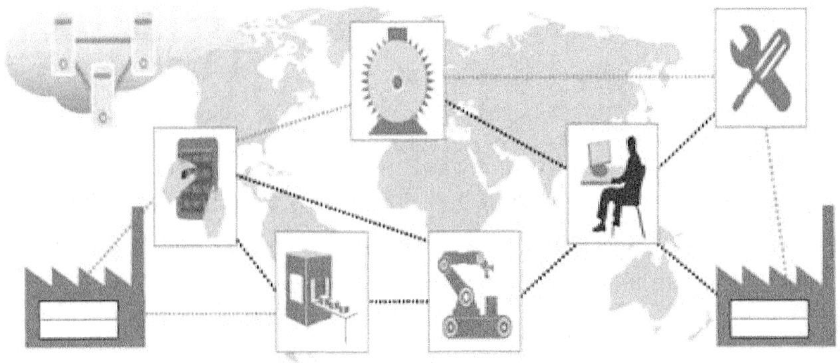

图 6-3　横向集成

横向集成主要实现企业与企业之间、企业与售出产品之间（如车联网）的协同，将企业内部的业务信息向企业以外的供应商、经销商、用户进行延伸，实现人与人、人与系统、人与设备之间的集成，从而形成一个智能的虚拟企业网络。制造业普遍存在的工程变更协同流程就是这样一个典型的横向集成应用场景。

3）端到端的集成

端到端的集成（图 6-4）是指贯穿整个价值链的工程化数字集成，是在所有终端数字化的前提下实现的基于价值链与不同公司之间的一种整合，这将最大限度地实现个性化定制，从某种意义上来讲，端到端的集成是一个新理念，各界对于端到端的集成有不同的理解。

图 6-4　端到端的集成

什么是端到端？顾名思义，所谓端到端就是围绕产品全生命周期，流程从一个端头（点）到另外一个端头（点），中间是连贯的，不会出现局部流程、片段流程，没有断点。从企业层面来看，企业资源规划系统、产品数据管理系统、组织、设备、生产线、供应商、经销商、用户、产品使用现场（汽车、工程机械使用现场）等围绕整个产品生命周期的价值链上的管理和服务都是整个信息物理系统信息物理网络需要连接的端头（点）。

端到端集成就是把所有该连接的端头（点）都集成互联起来，通过价值链上不同企业资源的整合，实现从产品设计、生产制造、物流配送到使用维护的产品全生命周期的管理和服务。它以产品价值链创造集成供应商（一级、二级、三级……）、制造商（研发、设计、加工、配送）、分销商（一级、二级、三级……）以及客户信息流、物流和资金流，在为客户提供更有价值的产品和服务的同时，重构产业链各环节的价值体系。

由于整个产业生态圈中的每一个端头所讲的语言（通信协议）都不一样，数据采集格式、采集频率也不一样，所以要让这些异构的端头都连接起来，实现互联互通、相互感知，就需要一个能够做到“同声翻译”的平台，这个同声翻译平台就是企业服务总线，在这样一个平台上实现“书同文”、“车同轨”。这样就能解决集成的最大障碍，实现互联互通就容易了。

端到端的集成既可以是内部的纵向集成内容，也可以是外部的企业与企业之间的横向集成内容，关注点在流程的整合上。

横向、纵向、端到端三个集成的实现，不论技术层面还是业务层面在面向服务架构信息集成上都能找到相应的解决方案。

2. 智能工厂和智能生产

智能工厂是未来智能基础设施的关键组成部分，重点研究智能化生产系统与过程以及网络化分布生产设施的实现。

智能生产的侧重点在于将人机互动、智能物流管理、3D 打印等先进技术应用于整个工业生产过程，从而形成高度灵活、个性化、网络化的产业链。

在工业 4.0 的战略蓝图中，把智能生产描绘成工厂，可以为单件小批量的单个客户提供个性化生产服务，而不是只能按照固定的生产流程生产。所谓智能，就是具备智慧的能力，智慧首先要具备足够的知识，对自己的了解、对外界事物的了解都可以称为知识。而将具备的知识进行关联和联想，能够形成一个知识网络，对周边事物能够感知和关联，找出知识点之间的关联关系以及事物之间的潜在联系，具备思考的能力，这就是智慧的概念。在工业 4.0 战略中提到的连接万物、感知环境中的人、机器设备、产品、用户、信息，是将生产环境中的一切事物、物体、人的静态信息及动态信息进行融合和感知、传递交换，从而达到协同工作的场景，实现智能生产、智能工厂的目标。

在生产现场，要实现智能生产，还需要业务规则的驱动，如事件管理机制、生产优化排程等都是属于业务规则类的系统，通过事件管理机制，可以实时地拾取生产现场、用户使用现场的一些特别事件，这些事件如果不及时处理，就有可能演变为一个损失很大的事故，通过这些事件的预先定义，一旦发生，就可以通过数据驱动对应的处理流程，协调各个部门、人员做相应的协同处理，防患于未然，这才是真正的智能生产，让一切连接，让一切透明。所有的系统、设备都是按照数据驱动的流程、规则协作运行，真正实现数据驱动流程、流程驱动业务、流程驱动设备。而业务规则可以根据市场需要、用户订单和个性化需要随时变更，以达到智能的驱动生产，实现产品的个性化服务。

3. 实现智能工厂的前提条件

信息物理系统、三个集成是实现智能工厂的前提条件。工业 4.0 战略中智能工厂、智能生产的实现是一个美好的愿景，是制造业发展的趋势，需要经过一个艰苦的实现过程，不是一朝一夕能够达到的目标。尤其中国的企业大部分兼有工业 1.0、工业 2.0、工业 3.0、工业 4.0 的痕迹，要一步跨越到工业 4.0 的步伐需要克服很多障碍，需要一个整体的规划，先摸清楚自己的状态，看看处于哪个阶段，然后按照信息物理系统、三个集成的内容，分阶段分批实现。信息化发展水平高的企业，单体系统的建设基本完成，这个时候可以建设信息物理系统网络，实现三个集成中的纵向集成，先解决内部信息孤岛的问题、协同流程的问题，当内部的集成达到一定高度时，就可以扩展到横向的集成，将信息物理系统网络延伸到外部互联网，打通内外部的协同。进一步，将信息物理系统网络延伸到生产设备，实现物与物、人与物、系统与物的相连，实现端到端的集成。

实现智能工厂和智能生产的标志是：生产流程智能化，生产设备动态适应个性化的产品需求，是实现工业 4.0 的关键。

工业 4.0 利用物联网和数字技术改变商业、管理，以及员工的工作模式。

特征 1：实现所有生产资源的互联。工业 4.0 将在制造领域的所有因素和资源间形成全新的社会—技术互动水平。它将使生产资源（生产设备、机器人、传送装置、仓储系统和生产设施）形成一个循环网络，这些生产资源将具有以下特性：自主性、可自我调节以应对不同形势、可自我配置、基于以往经验、配备传感设备、分散配置。

特征 2：产品的可识别和可追溯。工业 4.0 中的智能产品具有独特的可识别性，可以在任何时候被分辨出来。甚至当它们在被制造时，就可以知道整个制造过程中的细节。

特征 3：客户直接参与设计。未来，工业 4.0 将有可能使有特殊产品、特性需求的客户直接参与到产品的设计、构造、预订、计划、生产、运作和回收各个阶段，甚至临时变更。

特征 4：员工角色的转变。工业 4.0 的实施将使企业员工可以根据形势和环境敏感的目标来控制、调节及配置智能制造资源网络与生产步骤。员工将从执行例行任务中解脱出来，能够专注于创新性和高附加值的生产活动。

工业 4.0 激起了制造领域技术革命、技术竞争的新一轮浪潮，引起世界各国的高度重视，特别是一些经济大国。针对这一现实，2015 年 3 月，中国十二届全国人大三次会议上的政府工作报告提出，要实施中国制造 2025，这是中国首度提出的一个关于制造业发展的十年规划，目标直指“中国创造”、“制造强国”。同年 5 月，国务院正式发布了《中国制造 2025》。由于时间的延续性和大背景的相同性，中国制造 2025 也就被有些人看成了中国版的工业 4.0。

在国际政治经济格局不发生重大变化的情况下，综合考虑工业发达国家工业化进程各阶段综合指数的增长率和我国国内生产总值增长率，构建了如图 6-5 所示的适合我国国情的制造业综合指数预测模型，对未来 30～40 年我国制造业综合指数发展趋势进行预测，结果表明，我国制造业强国进程可分为三个阶段，具体如图 6-6 所示。第一阶段，用十年时间，到 2025 年，中国迈入世界制造强国行列；第二阶段，到 2035 年，我国制造业整体达到世界制造强国阵营中等水平；第三阶段，中华人民共和国成立一百年时，中国制造业又大又强，综合实力进入世界制造强国前列。

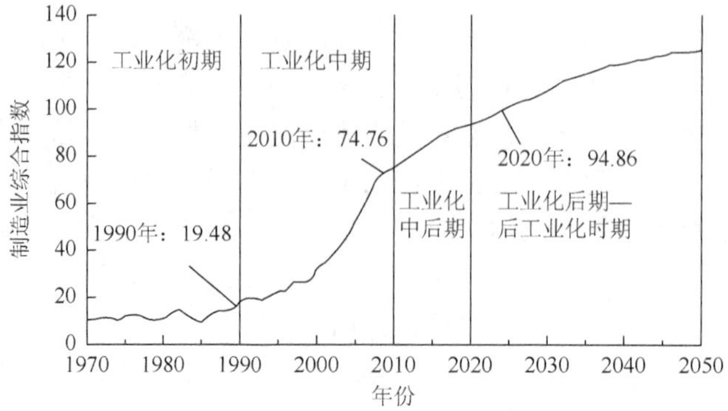

图 6-5　中国制造业综合指数预测模型

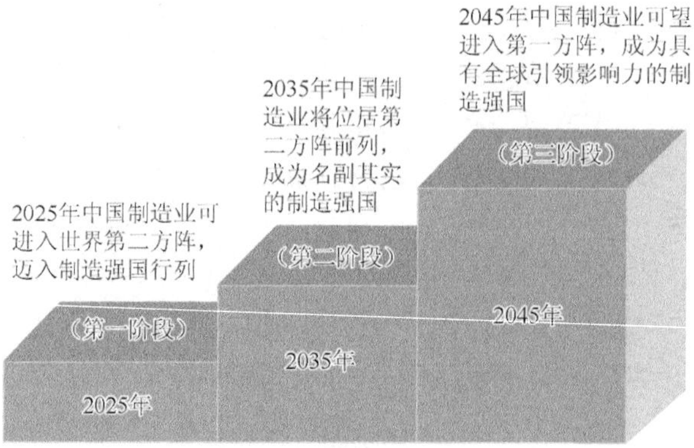

图 6-6　中国制造业强国进程的三个阶段

6.1.2　智能制造——中国制造 2025 的主攻方向

中国制造 2025 定义了九项战略任务与五项重大工程，分别是：提高国家制造业创新能力、推进信息化与工业化深度融合、强化工业基础能力、加强质量品牌建设、全面推行绿色制造、大力推动重点领域突破发展、深入推进制造业结构调整、积极发展服务型制造业和生产性服务业、提高制造业国际化发展水平。

中国制造 2025 要以创新驱动发展为主题，以信息化与工业化深度融合为主线，以推进智能制造为主攻方向，制造业数字化、网络化、智能化是新一轮工业革命的核心技术，应该作为中国制造 2025 的制高点、突破口和主攻方向。智能制造是一个大系统工程，要从产品、生产、模式、基础四个维度系统推进。其中，智能产品是主体，智能生产是主线，以用户为中心的产业模式变革是主题，以信息物理系统和工业互联网为基础，如图 6-7 所示。

要实现智能制造，建立智能化的工厂体系需要有一定的基础，应具有以下五个要素条件。

（1）智能生产和产品，以先进的信息物理融合的设备生产高附加值的软硬结合的智能产品。

（2）真实的企业环境，当前企业转型升级的途径和规划。

（3）宏观和微观经济环境，主要是产业政策和市场需求。

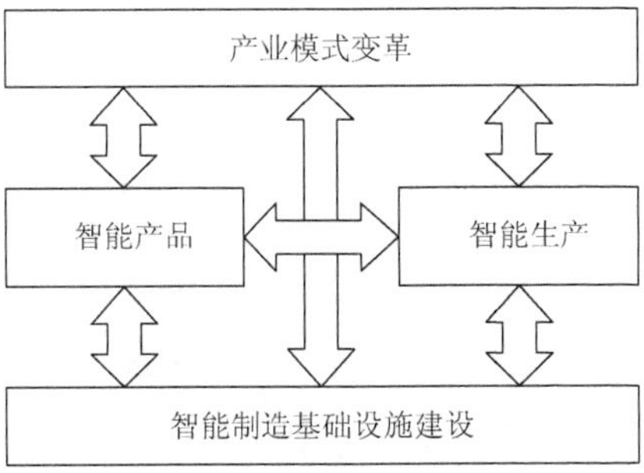

图 6-7　智能制造推进的四个维度

（4）人的因素，体现为新一代的管理人员、市场营销人员、技术人员和工人。

（5）技术因素，主要体现为网络和通信基础设施的安全性与可靠性，智能生产技术等。上述五方面的要素条件如图 6-8 所示。

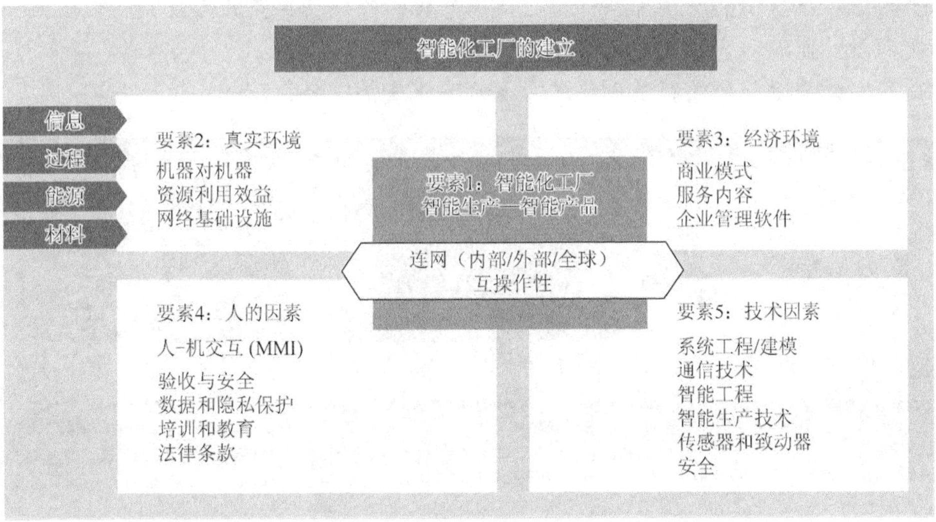

图 6-8　智能工厂的构成要素

➢案例 6-1　以数字化车间/智能工厂为方向的离散制造试点示范项目

2016 年中华人民共和国工业和信息化部智能制造试点示范项目要素条件有以下几方面。

（1）车间/工厂总体设计、工艺流程及布局均已建立数字化模型，并进行模拟仿真，实现规划、生产、运营全流程数字化管理，相关数据进入企业核心数据库。

（2）采用计算机辅助设计（computer aided design，CAD）、计算机辅助工艺规划（computer aided process planning，CAPP）、设计和工艺路线仿真、可靠性评价等先进技术。产品信息能够贯穿于设计、制造、质量、物流等环节，实现产品生命周期管理（product lifecycle management，PLM）。

（3）建立生产过程数据采集和分析系统，能充分采集制造进度、现场操作、质量检验、设备状态等生产现场信息，并与车间制造执行系统实现数据集成和分析。

（4）建立车间制造执行系统（manufacturing execution system，MES），实现计划、

排产、生产、检验的全过程闭环管理，并与企业资源规划（enterprise resource planning，ERP）管理系统集成。

（5）建立车间级的工业通信网络，系统、装备、零部件以及人员之间实现信息互联互通和有效集成。

（6）建立企业资源计划管理系统，并投入实际运行，其中供应链管理模块能实现采购、外协、物流的管理与优化。利用云计算、大数据等新一代信息技术，在保障信息安全的前提下，实现经营、管理和决策的智能优化。

通过持续改进，实现企业设计、工艺、制造、管理、监测、物流等环节的集成优化，采用网络化技术、大数据技术实现企业智能管理与决策，全面提升企业的资源配置优化、操作自动化、实时在线优化、生产管理精细化和智能决策科学化水平。

智能制造能给企业带来的帮助包括以下几方面（图 6-9）。

更快速：更短的创新周期，更复杂的产品，更大的数据量。

更灵活：个性化的批量生产，适应快速变化的市场，更高的生产力。

更高效：能源和资源效率是主要竞争要素。

更稳定的质量：研发制造一致性，做好过程质量控制，减少人为误差。

图 6-9　数字化给企业带来的帮助

6.2　精益生产与智能制造的关系探讨

精益生产在过去的几十年中在全世界无数的制造企业中实施，其本质是消除生产过程中非增值的活动，从而为客户带来最大的价值。而智能制造是使增值活动更加柔性化、智能化，所以精益生产和智能制造的关系是相互融合，而不是冲突的。

关于精益生产与智能制造的关系，基于以下的三种假设分别进行探讨：①精益生产是实现智能制造的先决条件；②智能制造支持精益的理念；③智能制造增加了精益生产无法成功实施的风险。

6.2.1　精益生产是实现智能制造的先决条件

精益管理能够使流程更加标准化和透明化，减少给客户创造价值过程中的各种浪费，打造柔性化的生产系统，从而在任何时间都能及时满足客户的需求，即在正确的时间生产正确数量的正确产品。

智能工厂是自组织的，能够自主交换信息和触发行动。然而，使用的硬件和软件不能替代一个结构化的组织。

假设智能工厂的成功前提包括以下几方面。

（1）标准化的、透明的、可重复的流程是信息物理系统的基础，标准化是指定义了价值流中所有的过程和结构，并且它定义了目前已知的最优的方法来完成一个过程（最佳实践），它描述了持续改进的目标状态。

智能制造需要标准的一致性，因为自动化的技术需要流程的标准化和一致性。知道正确的做事方式（防错原理）是一种自组织生产的前提，而自组织需要标准化的接口和程序。机器的学习需要一个参考的流程，机器需要通过模式识别的方式学习，而不是使用创造性。

（2）精益管理的能力在未来的生产系统中仍然很重要，它是智能工厂决策者的能力基础。员工需要建立精益的能力，从而在智能工厂做出正确的决定。精益能力包括识别、描述和理解生产系统中的功能元素、系统边界及功能关系的能力，从而能够对未来的系统行为与性能进行预测。这些技能称为系统的能力。智能遵循精益管理的目标，如交货、质量和生产率。

（3）自组织生产的基本规律必须遵循精益管理的原则。技术是需要用于过程导向的，如果不是，智能工厂的潜力就无法使用，智能技术的使用就会变得无效和不经济。

（4）通过精益管理减少流程的各种变异，不能把混沌的现实情况转移到计算机中。精益管理降低了产品和过程的复杂性，在一定程度上，一个有效的和经济的使用技术是可能的。标准化的一个主要目标是避免不平衡的、波动的过程（变异），因此，可以通过建立简单直接的客户供应商关系，设计一个直接的物料流，以确保价值流的透明度，或者使用模块化的产品设计控制变量的数量。

在智能制造的市场环境中，产品的定制将不断增加，通过适当地标准化来控制这一复杂性的增加是精益管理的任务。智能制造越来越多地使用新技术，这就要求更加规范化、结构化和可预测的价值流。使工厂的制造系统高效、经济的同时能够受益于新的技术。

6.2.2　智能制造支持精益的理念

智能制造是精益成功实施的催化剂。智能制造新技术的发展提供了利用精益管理潜力，从而进一步增加客户价值的新机遇。

智能制造可以对生产流程和设备进行实时的评估与反映，可以实现基于实时过程数据和产品数据的预测性维护，因此，全面生产维护能够被加强，从而使缺陷在发生之前被识别。

大客户的需求以及个体客户的需求可以在同一供应链网络平台实时更新。虽然是自组织生产，自动化仍然是智能工厂的重要原则。自动化是精益管理的重要组成部分，是经常采用的精益技术。在一个错误的情况下，该过程自动停止以避免错误传播，并驱动纠正行动的产生。在未来的智能工厂中，自动化仍然是主要的控制机制，仍然需要在发生偏离目标状态的情况下中断生产。而自治的自动化调控在智能工厂中是可以实现的。

持续改进可以在全球范围内开展，可以实现标准化和网络化，并且可以通过使用基于实时数据的数字化展示。持续改进过程作为精益管理的一个组成部分，通过重复“计划”、“做”、“检查”和“行动”达到交期、质量和成本方面的持续改进。智能工厂中数据的实时采集和分析能够更好地实现持续改进，持续改进流程的过程和结果可以实现全球标准化。对于持续改进的计划、执行、文档化和分发都有帮助。

智能制造的基础为精益生产提供了前所未有的便利性。传统的精益生产的工具、安灯、看板、灯光指示拣选系统（pick to light，PTL，或称电子标签拣货系统）等都可以在智能制造的信息技术基础上完美实现，甚至某些精益生产的工具本身就是智能制造的一部分。例如，灯光指示拣选系统可以由立体仓库替代，安灯系统可以由自动导引运输车实现。所以精益生产与智能制造之间也是相互补充的关系。在精益生产与智能制造的融合系统中，从某种意义上来看，精益生产处于融合系统的“道”的位置，而智能制造实体处于融合系统的“器”的位置。智能制造的实现除了技术上应用信息、通信和技术，能够承载精益管理的理念是决定智能制造质量的重要依据。所以精益生产与智能制造也是上层建筑与物质基础的关系。

可视化实现目标是实现制造过程的人、机、物、料、法、环的集成；通过使用射频识别（radio frequency identification，RFID，即一种非接触式的自动识别技术）等标识系统标识各种生产元素，能够把生产过程数字化，能够让生产工艺跟随产品在生产流程中移动；这些信息基础也是精益生产管理的技术与素材。

精益化实现目标是实现微调度、微排产功能，通过对可视化数据的分析，实施不同的调度策略和算法实现生产平衡、生产同步，满足所有生产聚焦于创造价值的在制品；完成高效、高质量的制造管控。

智能化实现目标是集成自动导引运输车（automated guided vehicle，AGV）、立体仓库等与制造相关的生产元素，对参与生产的所有元素进行自动调度，同时对制造过程进行风险预估，利用客户质量反馈的回归分析等智能软件算法对产品进行整体分析与挖掘。在智能制造基础上的精益管理力度更加细致，可操作性更强。

6.2.3 智能制造增加了精益生产无法成功实施的风险

智能制造的环境增加了变异，增加了过程中的错误，缺乏透明度和对员工更高的要求。

分散自组装式的生产系统增加了过程的变异，有可能会影响客户的需求。过程导向是稳定生产过程和结构组织的基础。自组织的生产系统运行有风险，会创造更多的可变性。缓冲区的大小和分配不能完全定义。应用一个基于优先级的生产排序变得更加困难。

由于智能工厂可以实现生产系统的自我优化，所以员工参与的持续改进活动可能减少。智能工厂的自我优化阻碍了员工基于经验的学习。持续改进流程在规范化、标准化基础上的应用是精益管理的重要组成部分，是实现一个复杂的生产系统的前提条件。

生产系统中的技术实现的程度越来越高，可能会导致缺乏透明度。员工无法识别当前状态并改进流程。更多的技术和设备的应用可能会使问题解决变得更加困难，从而使设备的全局设备效率降低。智能工厂对于复杂技术的利用率会更高，这就导致了对员工资质的更高要求。对员工的过高要求可能会导致过程中的错误。员工可能无法达到智能工厂的要求，员工可能会更多地信任数字化的信息而非常识，错误的决策可能会增加。

这些讨论还只是假设，在目前的状态下无法验证是正确的还是错误的。随着研究活动的密集开展，全世界范围内在学术和工业领域会开展越来越多的研究项目。

从精益化、自动化到智能制造，在未来的十年里，中国制造业将以两化深度融合为主线、以智能制造业为主攻方向。这一过程中，各种资源必须从各方向平衡发展，实施“工业 2.0 补课、工业 3.0 普及、工业 4.0 示范”的并行推进战略。无论转型升级、两化深度融合，还是智能制造，精益化管理都是一个不可忽视的重要环节。

➢案例 6-2　探营西门子安贝格工厂：这家最接近工业 4.0 的工厂有多牛？

2015 年 10 月 29 日，德国总理默克尔抵达北京，开启了其上任十年以来对中国的第八次访问。

据此前德国驻华使馆介绍，在北京期间，默克尔将与中国领导人会晤，分析商讨 2014 年 10 月两国在柏林第三轮政府磋商期间发布的《中德合作行动纲要》的落实情况。其中，工业 4.0 有望成为这次商讨的重中之重。

中德在国家层面上的工业 4.0 合作始于 2014 年。2014 年 10 月，李克强总理在柏林与默克尔经过深入协商后，共同发表了《中德合作行动纲要》，宣布两国将开展工业 4.0 合作。业内人士认为，中德工业 4.0 战略合作框架，显示出高层对制造业 4.0 升级改造的强力支持，工业 4.0 已上升到国家战略高度。

工业 4.0 作为一个概念，代表着未来先进制造业的发展方向。该概念最早由德国业界提出，源于 2011 年汉诺威工业博览会，最初的想法只是通过物联网等媒介提高德国制造业水平。两年后的汉诺威工业博览会上，由“产官学”组成的德国“工业 4.0 工作组”发表了《德国工业 4.0 战略计划实施建议》，称物联网和制造业服务化宣告着第四次工业革命的到来。

实施建议是这么描述工业 4.0 的：在未来智能工厂中，人类、机器和资源能够互相通信，就像社交网络中一样自然。智能产品“知道”它们被制造出来的细节，也知道它们的用途。它们将主动地对制造流程，回答诸如“我什么时候被制造的”“对我进行处理应该使用哪种参数”“我应该被传送到何处”等问题。

被誉为德国制造优等生的西门子，是工业 4.0 的先行者。西门子旗下的安贝格电子制造工厂，是欧洲乃至全球最先进的数字化工厂，被认为最接近工业 4.0 概念雏形的工厂。值得注意的是，此次默克尔访华，西门子股份公司总裁、首席执行官凯飒也随行。

西门子 168 年的发展史几乎可以被视为近现代工业进程的一个缩影。从一个小作坊发展至今，西门子所缔造的超级工业帝国已成为“德国制造”当仁不让的代名词。

从指针式电报机起家，到以信息技术为业务主动脉，西门子踩准了以电力、信息化为标志的前两次工业革命的关键节点。基于信息物理融合系统的工业 4.0 概念诞生之初，西门子再度嗅到了新一轮工业革命的气息。瞄准物联网、云计算、大数据、工业以太网等技术，西门子集成了目前全球最先进的生产管理系统，以及生产过程软件和硬件，如西门子制造执行系统软件 Simatic IT、西门子产品生命周期管理软件、全集成自动化、全集成驱动系统等。

在工业 4.0 上，德国到底有何过人之处？为此，澎湃新闻记者探访了西门子位于德国巴伐利亚州东部的安贝格电子制造工厂（图 6-10）。

安贝格电子制造工厂从外观上看并不酷炫，三座厂房方方正正，外立面贴着红砖，简单低调中透着 20 世纪八九十年代的工业风格。事实上，自 1989 年工厂投产，此后的 26 年里，安贝格电子制造工厂在外观上就定格了。

不过，就在这座外观与工人数量基本维持原状、连生产面积都未增加的工厂内，一场向着工业 4.0 方向进行的自我进化从未停止过。如今，该工厂的产能较 26 年前提升了 8 倍，每年可生产约 1200 万件 Simatic 系列产品，按每年生产 230 天计算，即平均每秒就能生产出一件产品。

产品质量更是大幅提高：相比 1989 年的每百万次电子产品加工过程出错 500 次，现在出错率只有 12 次，相当于质量提高了 40 倍。

图 6-10　西门子安贝格工厂

工厂的负责人 Karl-Heinz Büttner 称：“据我所知，世界上还没有哪家同类工厂具备如此之低的缺陷率。”

目前，安贝格电子制造工厂可以生产的产品种类达 1000 种，其中包括 Simatic 可编程逻辑控制器及相关产品。这些产品用于控制机械设备与工厂，以实现生产过程的自动化。Simatic 系列产品可以控制游轮的船载系统，也可以用于工业制造过程，如汽车工业，甚至可以用于控制滑雪场缆车。

该工厂最令人叹为观止的是：其不仅生产产品，还收集并处理大量的信息。厂房内，齐胸高的灰蓝色机柜排成一行，安置其间的显示器上，数据洪流仿佛瀑布一般倾泻而下。指示灯闪烁着红光和绿光，整个车间沉浸在长长的一排排卤素灯发出的明亮而又冰冷的光芒中。员工身着蓝色工服，悄然无息地走在一尘不染的蓝白相间大理石花纹的 PVC 地板上。

为了准确收集数据，安贝格工厂超过 3 亿个元件都有自己的“身份证”。这些基础识别信息包括：哪条生产线生产的、用什么材质、当时用的扭矩是多少、用什么样的螺丝钉等。当一个元件进入烘箱时，机器会判断该用什么温度以及时间长短，并可以判断下一个进入烘箱的元件是哪一种，适时地调节生产参数。在此过程中，Simatic IT 生产执行系统每天生成并储存约 5000 万条生产过程信息。

通过显示器，工人可以查阅当天的生产过程信息，并挖出生产环节中的短板，如哪个部件出现问题的概率比较高。经过一系列进一步的相关性分析，又可以让生产者对整个生产过程中的相关变量有更深刻的理解，从而降低产品的缺陷率。

不同于普通工厂，安贝格电子制造工厂需要的是懂得用软件控制复杂工艺的合格员工。产业工人不再穿着工装裤制造优质产品，他们现在的工具是触摸屏，乃至平板电脑。

在安贝格电子制造工厂中，信息技术系统控制和优化所有流程，确保达到 99.9988% 的产品合格率。

在安贝格电子制造工厂中，真实工厂与虚拟工厂同步运行，真实工厂生产时的数据参数、生产环境等都会通过虚拟工厂反映出来，而人则通过虚拟工厂对真实工厂进行把控。其中，近 75%的生产作业已实现自动化。

由人力完成的部分，只有生产过程的开头部分，即员工将初始组件（裸电路板）放置到生产线上的环节。此后的一切操作都是自动进行。值得一提的是，正是 Simatic 单元在控制 Simatic 单元的生产。从开始生产一直到发运，整个生产过程总共使用了 1000 个这样的控制装置。

安贝格电子制造工厂是西门子数字企业平台的典范。数字企业平台是一种生产环境，将在今后 10 年内成为标准。在这种生产环境中，产品自行控制其本身的生产过程。换句话说，其生产代码告诉生产机器它们有哪些要求，接下来必须执行哪道生产工序。这个系统是朝构建“工业 4.0”迈出的第一步。

但这距离工业 4.0 所描绘的“数字和物理世界的无缝衔接”的场景，仍有很大差距。“如果说，工业 4.0 时代的到来还要 20 年，那么，西门子目前已经到达了‘工业 3.X’”这是西门子股份公司管理委员会成员、首席技术官鲁思沃（Siegfried Russwurm）的自我打分。

在这个第四次工业革命愿景中，现实和虚拟生产环境将融为一体。到那时，工厂将在很大程度上进行自我控制和优化，因为其产品可以在相互之间以及与生产系统进行通信，以便优化生产过程。产品和机器将共同决定，为了按期交付，应当首先在哪条生产线上完成哪道工序。被称为软件代理的独立运行的计算机程序将监控每一道工序，保证符合生产规章制度。

参 考 文 献

蔡启明，张庆，庄品，2008. 基础工业工程[M]. 2版. 北京：科学出版社.

陈红军，2010. 工业工程技术在神龙公司襄樊工厂的应用[C]. 中国工业企业物流论坛：158-160.

郭明俊，2012. 基于全员生产维护（TPM）理论的中航精机工装管理研究[J]. 中小企业管理与科技旬刊，（21）：39-40.

康向于，2011. 基于方法研究的标准作业改善系统设计及应用[硕士学位论文]. 天津：天津大学.

李孟兴，王海燕，高涵冰，2011. 变电检修现场标准化作业系统的建设与应用[J]. 电力信息与通信技术，9（9）：61.

刘惠俊，2011. 啤酒工厂如何推行卓越现场管理[J]. 啤酒科技，（8）：9-10.

刘平，2013. 精益生产方式之单元生产的应用研究[J]. 企业导报，（18）：81-83.

柳岩，俞楠，2012. 精益六西格玛在车用电气产品公司的应用[J]. 汽车零部件，（4）：72-76.

缪周，徐克林，李振飞，2009. 基于价值流图的生产线再设计：案例研究[J]. 工业工程，12（5）：115-119.

潘剑雄，韩雨，张喜，等，2012. 烟草商业企业物流可视化管理模式应用研究[J]. 数字技术与应用，（10）：101-103.

Dennis P，2009. 什么是精益—全面掌握丰田生产方式[M]. 2版. 闫宏伟，张仕航，译. 北京：中国财政经济出版社.

De Feo J，Barnard W，2003. Juran institute's Six Sigma breakthrough and beyond：Quality performance breakthrough methods[M]. NewYork：McGraw-Hill Publishing Company Limited.

Gapp R，Fisher R，Kobayashi K，2008. Implementing 5S within a Japanese context：An integrated management system[J]. Management Decision，46（4）：565-579.

Rother M，Shook J，1999. Learning to see：Value-stream mapping to create value and eliminate muda[M]. Brookline，MA：Lean Enterprise Institute.